JN074878

TJ Special File 23

投球障害からの復帰と
再受傷予防のために

牛島詳力 著

本書は『月刊トレーニング・ジャーナル』2019年6月号〜2020年10月号に「投球障害からの復帰と再受傷予防」として連載されたものを加筆・修正し、再編集したものである。

ブックデザイン●青野哲之（ハンプティー・ダンプティー）

はじめに

　皆さん初めまして。牛島と申します。私自身、選手として野球の経験はありませんでしたが、1995年に柔道整復師となった後、97年から米国に留学、全米アスレティックトレーナー協会（NATA）認定アスレティックトレーナー（ATC）になる過程で野球と出会いました。2004年にはMLB球団のスプリングトレーニングにインターンとして参加し、2006年からは、日本人選手とあらたに契約した別のMLB球団で通訳兼アスレティックトレーナーとして勤務する機会もいただきました。2008年に日本に帰国し、大学の教員となってからもプロ野球選手の自主トレのお手伝いや、元プロ野球選手がオーナーを務める中学硬式野球チームのコンディショニングコーチ兼アスレティックトレーナーとして野球に関わり続ける中、さまざまな投球外傷・障害を目にしてきました。

　前述した中学硬式野球のチームとは10年のお付き合いになります。土・日曜と祝日のみが活動日で、私も最低土・日曜のどちらかには必ず、年間を通した活動日のうち60％は参加しています。1学年30人前後、3学年のチームで毎年平均して24～26件の投球外傷・障害（2週間以上のノースローが必要となったもの）が発生しています。その25件における、肩・肘の内訳は、毎年肩10～12件に対して肘12件以上と肘の外傷がやや多く、それまで私が経験した米国の大学野球や、MLB球団での外傷の傾向とは全く異なることに驚かされました。

　私がアスレティックトレーナーになるまでの過程や、その後私が関わった米国の現場では「Healthy Shoulder Keeps Elbow Healthy（肩を健康に保つことで肘も健康に保たれる）」という合言葉がありました。肘の外傷は肩の不調に対する代償運動などが原因であることが多く、肩の外傷予防を徹底すれば肘にかかる負担は軽減される、と教わってきましたが、私の現場では学年が低いほど、肩の症病歴や不調のないまま、肘の外傷が単独で発生していました。MLB記者であるジェフ・パッサン氏が書いた『The Arm』（邦訳タイトル：豪腕——使い捨てされる15億ドルの商品、ハーパーコリンズ・ジャパン）で紹介されたように、近年では米国の野球も低学年時からの英才教育が過熱しており、成長期の

肘の単独受傷が増えてきているようですが…。

　私の関与している中学硬式野球チームに話を戻しますと、所属する選手が地理的にかなり広い範囲から集まりますので、負傷した選手たちの平日におけるケアやリハビリテーションは、私にはほとんど不可能です。したがって、私から紹介する医療機関に限定せず、選手の居住地によっては自宅最寄りの医療機関への受診を勧めているのですが、そこからいただくアドバイスや受けられるケア、あるいはリハビリテーションに大きなばらつきがあることに気づきました。とくに保険診療でのリハビリテーションは、理学療法士が最長で20分間、マンツーマンの訓練を行うことができるのですが（「個別」と呼ばれるカテゴリー）、一人の理学療法士が一日に受け持つことができる患者の数には上限があり、重傷度の高い患者から割り振られてしまいます。スポーツ外傷・障害はどうしても重傷度が低い（日常生活には問題がない）と判断され、リハビリテーションすら受けられないケースも少なくないようです。

　一方、地域の接骨院・整骨院（柔道整復師）は一日に施術できる患者の数に上限はありませんが、健康保険から支払われる施術料1部位分では、一回当たりの施術で物理療法を含めて15分でも経営的に厳しいと思われます。それだけでなく、私のこれまで合計13年間の柔道整復師ならびに鍼灸師養成教育現場での経験では、養成学校においては国家試験合格がゴールであり、それらの施術家を目指す学生に本当に必要な知識や技術に触れる機会がほとんどないことも、選手にとっては不幸といえるでしょう。

　過去10年間のそういった選手たちからの声を耳にして、選手自身で行える投球外傷・障害の予防が極めて大事であるのにもかかわらず、本当に必要となる知識がなかなか浸透していないことに気づき、私のこれまでの経験で得た知見が、私のチームの選手たちだけでなく、それ以外の多くの野球選手たち、指導者あるいはその保護者に役立つのであれば、という気持ちで今回執筆してみようと考えた次第です。

　本書が少しでも皆様のお役に立つことを祈っています。

1

投球動作と肩・肘にかかる負担

投球の各局面でのストレス

投球動作は大きく分けて、ワインドアップ、コッキング（初期・後期）、アクセラレーション（加速）、フォロースルー（減速）の各フェーズを経て完了します。写真1-1のように軸足で片足立ちになり、グラブからボールが放れる（写真1-2）までを、大きく振りかぶっていなくてもワインドアップ期と呼んでいます[1]。

そこからの、一般的に言われる「テイクバック（写真1-3、1-4）」をコッキング初期と呼びます[1]。この間には軸脚の股関節が外転し、投球側の上腕が外転・外旋します。この時点での上腕部の運動は、自らの意思によって行う自動運動で行われていると考えられています[1]。

踏み込み脚が地面に完全に接地したタイミングからは軸脚から踏み込み脚への体重移動、いわゆる「並進運動（写真1-5、1-6）」が始まりますが、このとき、踏み込み脚接地の反作用とボールの慣性力（その場に留まろうとする力）によって肩関節の外旋が他動的に強制され、写真1-6でも明らかなように、180°近い角度まで到達します。米国整形医学会にて正常といわれる数値[2]をはじめ、広く一般的には野球などオーバーヘッドのスローイングやラケットスイングを普段行わない人の肩外転90°位からの外旋可動域は、90〜100°であるといわれている[3]ことからわかるように、投手においては普通の人の倍の角度近くまで、外旋が強制されることがおわかりいただけると思います。

この後、ボールをリリースするまでの間（写真1-7）をアクセラレーション（加速）期と呼ぶのですが[1]、Azarら（2000）やFleisigら（1995）

写真 1-1　　　　　写真 1-2　　　　　写真 1-3

写真 1-4　　　　　写真 1-5　　　　　写真 1-6

写真 1-7　　　　　写真 1-8　　　　　写真 1-9

によると、時速140km以上のボールを投げる投手においては、この間わずか0.02秒の出来事であり、肩関節は1秒あたり6000～7200°の角速度で内旋、肘関節は1秒あたり4300°の角速度で伸展していることが報告されています[4)5)]。

またReganら（1991）の研究では、この間に発生する肘の外反（肘関節の内側が本来動かないはずの横方向へ開こうとする）ストレスによって、肘内側にある尺側側副靭帯（Ulnar Collateral Ligament：UCL）には290N（＝29.58kgf）の張力が発生し、UCLそれ自体が断裂してしまう張力260N（＝26.52kgf）よりも強い力であることがわかりました[6)]。もし上腕骨と前腕の尺骨をつなぐものがUCLしかなかった場合、時速140km以上のボールを1球投げるたびにUCLが断裂することになってしまいます。

さらにボールをリリースした後であるフォロースルー期（写真1-8、1-9）においても、前述したFleisig（1995）らは、この時速140kmのボールを放った腕の振りが停止するまでの約0.2秒の間に行われる高速度での肩関節の（屈曲位からの）伸展、水平内転、内旋により、肩関節後方関節唇には400N（＝40.8kgf）もの張力が、その腕を振った遠心力の反作用で肩甲骨関節窩に上腕骨頭が急激に押しつけられることで1000N（＝102.0kgf）を超える圧迫力が発生すると報告しています[5)]。500円硬貨ほどの面積しかないはずの肩甲骨の関節窩が100kgを超える荷重に1球投げるたびに耐えていると考えると、人間の身体の強靭さに驚くばかりです。

ボールは、リリースされた高さから地面に落下しようとする重力加速度の影響を受けるものの、空気抵抗によって減速され（減速を最小限に留め、落下を防ぐ揚力を稼ぐためにスピンをかけたとしても）、指から放れたばかりのいわゆる「初速」が、キャッチャーのミットに収まる直前の「終速」を超えることはありません。ということは、重さ145gほどとはいえ、その物体を時速140kmまで加速させ、そして時速140kmでボールを押し出した上肢を、わずか0.2秒で完全停止させるブレーキの役割も彼らの身体のどこかが果たしている、そしてそれを一日に何度も繰り返しています。このように見ていくと、投球動作がどれだけ大変なことか、理解いただけるのではないでしょうか。

[参考文献]

1) Toyoshima S, Hoshikawa T, Miyashita M, et al: Contribution of the body parts to throwing performance. In Biomechanics, IV, Nelson RC, University Park Press 1974.

2) Boone DC, Azen SP: Normal Range of motion of joints in male sublects. J Bone Joint Surg 1979: 61-A: 756-759

3) Oatis CA: オーチスのキネシオロジー、身体運動の力学と病態力学. ラウンドフラット　2012

4) Azar FM, et al: Operative treatment of ulnar collateral ligament injuries of the elbow in athletes. American Journal of Sports Medicine 2000; 28 (1): 16-23

5) Fleisig GS, et al: Kinetics of baseball pitching with implications about injury mechanisms. American Journal of Sports Medicine 1995; 23 (2): 233-239

6) Regan WD, et al: Biomechanical study of ligaments around the elbow joint. Clinical Orthopaedics and Related Research 1991; 271: 170-179

投球により肩・肘に起こる外傷

　第1章にて紹介した投球動作の各フェーズにおいて、投球側の上肢はさまざまなストレスにさらされていることがご理解いただけたと思います。この章ではそれらのストレスがどのように各部位に影響を与え、結果としてどのような外傷を起こすのかを、投球動作の順に沿って伝えたいと思います。

コッキング初期

　最初の「テイクバック」、専門的にはコッキング初期[1)]と呼ばれる段階（写真2-1）では、投球側の肩関節、とくに肩甲骨と上腕骨で構成される肩甲上腕関節において、身体の横から腕を広げる方向に持ち上げ

写真 2-1

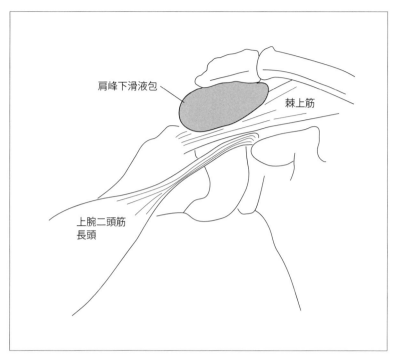

図 2-1

る、外転という動作が行われます。この際に働くのは三角筋と棘上筋、とくに後者の棘上筋は肩甲骨の肩峰突起の下、親指の断面積ほどの隙間をくぐって上腕骨骨頭に付着しています[2]。またその付着部は肩の外転の運動軸に非常に近い場所にあり、てこの原理における「第3のてこ」、回旋腱板の1つとして上腕骨骨頭を関節窩に引き寄せる方向に力を発揮するものの、上肢全体を持ち上げるには非常に不利な構造になっています[2]。棘上筋が強い力を発揮した際、その狭い隙間の中で断面積は膨張せざるを得ず、上腕骨と肩峰突起との間に挟み込まれることがあります。これがインピンジメントと呼ばれる所以です。

　病名としてのインピンジメント症候群には、棘上筋以外にも肩峰下滑液包や上腕二頭筋長頭腱などがそこに挟まれることも含まれており（図2-1）、棘上筋に問題がなくとも、このコッキング初期に痛みなどの症状を発し、その後結果として棘上筋に損傷を与えることもあります[3]。

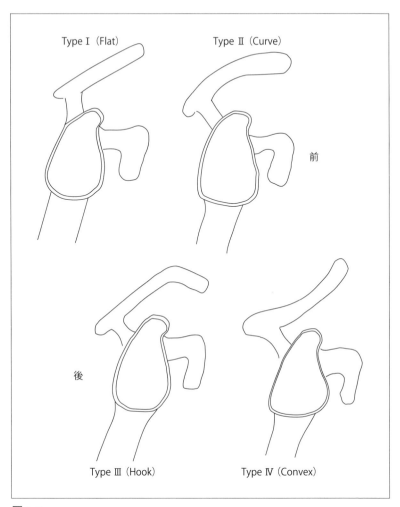

Type I（Flat）　　　　　Type II（Curve）

前

後

Type III（Hook）　　　　Type IV（Convex）

図2-2

　また、前述した肩峰突起の形状には個人差があり、棘上筋と接する面が平坦なもの（タイプI）、カーブしているもの（タイプII）、そして棘上筋側に向かって鉤状の突起を持つもの（タイプIII）、下方向へ反っているもの（タイプIV）（図2-2）があり[3]、このインピンジメント症候群受傷のリスクの高い選手（タイプII、III、IV）がいるということがご理解いただけると思います。

写真 2-2   写真 2-3

コッキング後期

　次の外傷リスクは、コッキング後期[1]で、ここでは踏み込み脚の接地による衝撃が投球側の肩まで伝わり、そのあと身体全体が軸足から踏み込み脚へ体重移動する並進運動を起こしている間、ボールは慣性力によってその場に残ろうとします。その際、肩関節はすでに自動的に外転・外旋（上腕骨を後方に捻じる動き）した状態からさらに他動的に外旋が強制させられます（写真 2-2、2-3）。

　このとき、肩甲骨と上腕骨の間では前述した外旋だけでなく、関節包内において上腕骨骨頭が本来あるべき位置より前方へ滑る動きが発生し[2][3]、肩甲骨と上腕骨をつなぐ関節上腕靭帯や関節の窪みの不足を補っている前方の関節唇が後面より圧迫されることでそれらの組織が断裂するリスクとなります。

　それだけでなく、関節上腕靭帯や関節包の外側で上腕骨骨頭を包む肩甲下筋や、そのさらに前方にある大胸筋の後面（裏側）までその影響を受けて損傷することもあります[3]。またこのときのストレスの大きさによっては、それらの組織が十分に働かず、大人の場合であればそのまま肩関節が前方に脱臼してしまうケースや、中学生や高校生の成長期では外旋でのストレスが上腕骨そのものにまで及び、上腕骨の骨幹部（中央

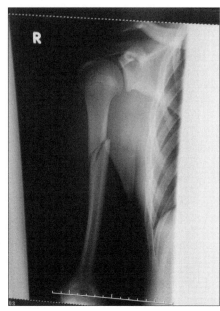

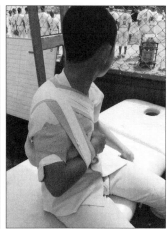

写真 2-5

写真 2-4

部）が捻転骨折を起こすこともあります（写真 2-4、2-5）。

アクセラレーション

　アクセラレーション[1]においては、肩では他動的に最大外旋させられた状態から自動的な内旋に切り替わり、最大屈曲していた肘を伸展させることでボールを加速させます。運動の連鎖は中枢部から始まり、ボールはまだ慣性力でその場に留まろうとすることで、ここでは前腕の尺骨が上腕骨より外方へ広げられる力がかかり、肘関節においては本来動かないはずの横方向へのストレスが発生します（写真 2-6）。肘関節は他の関節に比べ非常に横方向への安定性が高く、とくに30°屈曲位から完全伸展までの間は尺骨側の肘頭が上腕骨の肘頭窩にはまり、さらに安定するはずなのですが[2]、肘の伸展の角速度は1秒当たり約4300°と非常に高速で[4,5]、この際に尺側側副靱帯（Ulnar Collateral Ligament：UCL）それ自体が持つ強度を超える外反ストレスがかかります[6]。そのため肘

写真 2-6

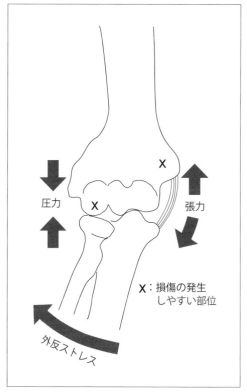

圧力

張力

X：損傷の発生
しやすい部位

外反ストレス

図2-3

の内側には強い張力が、外側には圧迫力が生じます（図2-3）。

外反ストレスによって発生する外力という原因は同じですが、骨の成長が止まった大人の場合はUCLの断裂が、小学生から高校生までは成長の段階によってさまざまな種類の肘の外傷が発生します。

UCLの上腕骨における付着部は上腕骨内側上顆ですが、この部分が完全に硬化するのは他の部分に比べ比較的遅いことが知られています。そのため成長期においては外反ストレスがUCLだけでなく、UCLから内側上顆にまで伝わり、十分に骨化していない内側上顆それ自体が肘の内側方向に牽引されます。それでも堪え切れず内側上顆が上腕骨より過度に引き離されることによってLittle Leaguers' Elbowの名

称で知られる内側上顆部骨端の分離・分節が起き、さらに離断がひどい場合には内側上顆の剥離骨折となり、手術適応となることもあります[7]。

またこれらの外傷を抱えたまま投球を続けることで、今度は前腕の橈骨と上腕骨が圧迫されるようになり、反対側である上腕骨小頭部に離断性骨軟骨炎（Osteochondritis Desiccants : OCD）が起こることもあります[7]。

またボールリリース直前では、肘関節伸展の最終域で肘頭が肘頭窩に収まってからも外反ストレスがかかり続ける、または速いスピードで肘頭と肘頭窩が衝突することによって、肘頭の分離・分節が発生することもあります[3][7]。

あくまで私個人の経験上での印象ではありますが、内側上顆に付着する円回内筋や尺側手根屈筋、指の屈筋群が肘内側での外反ストレスを吸収し、それらの腱の炎症に留まるのは中学生では早くて2年生の秋以降、どちらかというと高校生に発症するケースが多く、それまでの段階ではそれらの筋群が十分に外反ストレスを吸収するだけの筋力が発揮できていないのではないか、と推察しています。

またここ1、2年、私が関わるチームに協力してくださる医療機関での検査の体制がよりよくなったことで、炎症を起こした円回内筋や尺側手根屈筋が修復される際に過剰に形成された瘢痕組織が、肘内側の尺骨神経に絡まり、尺骨神経と尺側手根屈筋との滑走性が失われることによって起こる肘部管症候群[3]も年に1～2例ではありますが、みられるようになりました。

フォロースルー期

フォロースルー期[1]（写真2-7）においては、1秒あたり6000～7200°という角速度の肩関節内旋によってボールを加速させ[4][5]、ボールを放してからは急激に上腕骨には屈曲位からの伸展と内転の動きが加わることによって、上肢全体に強い遠心力がかかります。この遠心力によって上腕骨骨頭後部を走行する肩関節の外旋筋群である棘下筋・小円筋に強い張力がかかります。もちろんその張力は、それら2つの筋肉だけで吸収できないレベルに到達し、肩関節後方関節唇にも400N（＝40.8kgf）

16

写真 2-7

の張力がかかる[5]ことは前章でも伝えました。

　この肩関節の急激な内旋・内転・（屈曲位からの）伸展によって発生する張力は棘下筋・小円筋のみならず、広背筋など投球側の体幹部後面に位置する筋すべてがその影響を受けます。肩関節の外旋筋群の小円筋と内旋に働く大円筋、そして上腕三頭筋長頭によってできた間隙が、このときに急激に狭まることによって、その間隙（Quadrilateral Space：QL）を走る腋下神経と後上腕回旋動脈が絞扼され、しびれなどの症状が発生するクアドリラテラルスペース症候群もこの負荷によって起こる外傷として知られています[3][8]。前述した肘部管症候群と同じように、私が関わる中学生チームにおいても画像診断を受けるタイミングによっては、発見されるようになりました。

　またこのときの肘あるいは前腕ですが、ボールを押し出す際、ボールに回転をかけるために人差し指と中指の中手指節（MP）関節が強く屈曲、手首が同じ方向へ屈曲（掌屈）することによって、その際の拮抗筋である指や手関節の伸筋群に張力が発生し、それら筋群の起始部である上腕骨外側上顆まで張力が伝わり、テニス肘として知られる上腕骨の外側上顆炎の発生リスクとなります[3]。しかしながら私の関わるチームでは選手に発生したことはなく、負傷した選手の競技復帰のためのスローイングプログラムに付き合ってキャッチボールの相手をした私が、月曜から金曜に全くやっていないことを週末に行ったことで発症するくらい

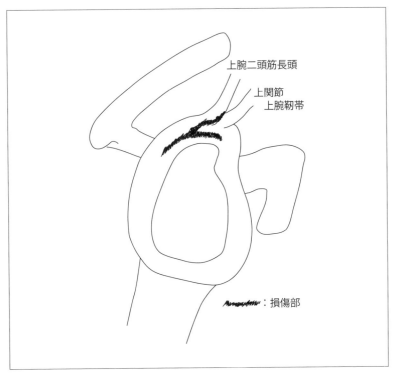

上腕二頭筋長頭

上関節
上腕靭帯

~~~~~~：損傷部

図2-4

でしょうか。今こうして執筆していても痛みによって気が散ってしまい
ます。

　コッキング後期からフォロースルーの一連の動作において肩関節の関
節唇上部はコッキング後期で後方に捻じられた後、アクセラレーション
からボールリリースでは急激に逆方向への負荷と遠心力による張力がか
かり、そしてフォロースルーではその遠心力の反作用が起こり圧縮させ
られることによって前後方向への裂傷が発生します。これがSLAP損傷
（Superior Labrum Anterior-Posterior legion）と呼ばれる外傷です（図
2-4)[3]。また関節唇上部では上腕二頭筋の長頭腱と接続しており、上腕
二頭筋長頭に炎症がなくともそれと同様の症状が発生することがありま
す。したがって上腕二頭筋長頭腱になんらかの症状があるときは、常に
関節唇の損傷も疑うようにしています。

[参考文献]

1) Toyoshima S, Hoshikawa T, Miyashita M, et al: Contribution of the body parts to throwing performance. In Biomechanics, Ⅳ, Nelson RC, University Park Press 1974.

2) Oatis CA: オーチスのキネシオロジー、身体運動の力学と病態力学. ラウンドフラット　2012

3) Magee DJ: Orthopedic Physical Assessment, 6th edition, Elsevier 2014

4) Azar FM, et al: Operative treatment of ulnar collateral ligament injuries of the elbow in athletes. American Journal of Sports Medicine 2000; 28 (1): 16-23

5) Fleisig GS, et al: Kinetics of baseball pitching with implications about injury mechanisms. American Journal of Sports Medicine 1995; 23(2): 233-239

6) Regan WD, et al: Biomechanical study of ligaments around the elbow joint. Clinical Orthopaedics and Related Research 1991; 271: 170-179

7) 国分正一ほか：今日の整形外科治療指針、第6版、医学書院 2010

8) Hangge PT, et al: Quadrilateral Space Syndrome-Diagnosis and Clinical Management. Journal of Clinical Medicine 2018; 7:86

手術か保存か？

医師と選手自身が判断

　ここまでお読みいただく中で、投球による肩の外傷・障害には、各投球フェーズにおいてかかるストレスによって損傷する部位も、損傷の形態もさまざまなものがあることがおわかりいただけたかと思います。また肘の損傷はアクセラレーション（加速）期において、肘にかかる外反ストレスがその原因のほとんどだとはいえ、選手の年齢や発育状況によって、これもさまざまな形態があることもおわかりいただけたと思います。ここまでの説明だけでも手術を行うか、保存療法で回復を待つかの判断は非常に困難にならざるを得ないことが想像できると思います。

　基本的に「手術か保存か？」はその選手を診た医師が判断するべきことであり、また選手自身が（未成年の場合は保護者の承諾を得て）最終の決定権を持つ事項でもあります。アスレティックトレーナーという私の立場からは、選手（や保護者）が考えるうえでの材料を提供する、それも負傷した選手それぞれに異なる判断の背景があることも考えに入れたうえでということもあり、この章の内容は必ずしも「エビデンスなどに基づいた明確な基準」にはならないことをご容赦いただきたいと思います。

判断基準

　肘の尺側側副靭帯（Ulnar Collateral Ligament：UCL）損傷を例に挙げると、画像診断においては肘に外反ストレスをかけてのX線撮影だけ

でなく、造影剤を用いてのMRI撮影で、「T-サイン」と呼ばれる、造影剤の関節包外への漏れを確認したうえで手術を行うとされていますが、手術時にUCLを確認した際に手術が必要となる損傷を発見できなかったケースも一定数あることが知られています[1]。

　また、その逆で、画像診断上では問題がなく、保存療法も一定の期間行ってようやくスローイングプログラムに達したときに、やはり以前と同じように症状が発生し、実験的に内視鏡で確認したところUCLに断裂がみられたことで保存療法を中断して手術に踏み切った、という米国の大学野球選手の例に私自身は遭遇したことがあります。

　Azarら（2000）は、UCLの損傷の最終判断ができるのは手術時に直接目視確認したときである、と結論づけており[1]、その後現在に至っても、これといった明確な判断基準は確立されていないようです。

過去の症例

　私が現在関わっている中学生の硬式野球チームにおいては、過去11年の記録を振り返ったところ、280件近くある投球障害のうち、5例の手術適応例がありました。それらはすべて肘関節、4例は外側の上腕骨小頭部の障害で、X線画像上で分離が確認できるだけの、いわゆる進行期のものはなく、骨片など遊離体がみられる終末期[2]のものばかりでした。残り1例が内側上顆の裂離骨折で、一度目の受傷は保存療法を適応し回復できたものの、復帰後さらに強い投球を試みて負傷、手術を選択したものです。

　5例のうち、小頭部の傷害3例は中学1年生のときに、内側上顆の1例は中学2年生のときに手術を行い、術後7～8カ月で競技復帰しています。ただ1例は中学1年時に保存療法で3カ月のノースロー期間と3カ月の段階的なスローイングプログラムの計6カ月を要して一度は競技復帰しましたが、中学3年生の夏休みに症状が再発し、確認したところ患側だけでなく非投球側においても上腕骨小頭障害が発見され、結果として両側が手術療法の適応となったケースがあり、驚かされたこともあります（ちなみにこの選手ですが、高校進学後は1年生の夏から卒業まで問題なくプレーできました）。

考慮すべきリスク

さて、医師が手術を勧めた場合のリスクに関しても考えておく必要はありそうです。UCL断裂の際の靭帯再建術、通称「トミー・ジョン手術」は術後10〜12カ月で競技復帰、負傷前レベルへの完全復帰は、そのさらに1年後といわれています[1]。

また私が数例経験した成長期における上腕骨小頭障害からの競技復帰でも、術後7〜8カ月の時間が必要です。その時期をどこで取るかについては、米国のように高校や大学での編入が容易である環境や、大学部活動での選手登録期間を延長するための故障者リスト（Red Shirt）のような制度がない我が国では、負傷したタイミングによって、その次のレベルでのプレーの機会が大きく制限されてしまいます。私が経験した3例は中学1年生の夏頃から2年生の春まで、1例は中学2年生の夏から冬までの期間を失うこととなりましたが、残りの中学生活では競技に集中できたおかげで、高校進学などについてはとくに問題がありませんでした。

しかしながら、中学3年の夏に手術を受けることになった選手は、本人が進学したいという高校の野球部に自分の力をアピールできず、本人が希望していなかった高校に進み、また1年生の前半をリハビリテーションに費やすことになりました。それでも高校1年生の秋からは競技に復帰できたのが、まだ救いではあります。これがもし大学でプレーしたいと望んでいる選手が、高校2年生あるいは3年生で発症したとしたら…。手術が必要となる投球外傷・障害は年齢が上がるほど、とくに高校生においてはその学校の選手としてのプレー機会を失ってしまう、場合によってはその先の機会さえも失ってしまう不安があります。

手術後の体制も重要

単純にかかる時間やタイミングといった問題だけでなく、その間のリハビリテーションの体制がどうなっているのか、といったことも考える必要があります。私が活動の拠点を置く関西ではよくあることのひとつに、高校野球で甲子園大会に出場するために、あえて出身地を離れた高

写真 3-1　手術後のリハビリテーションの体制も重要

写真 3-2　筋の能力は最低週 1 回の訓練を行わない限り維持すらできない

校に進学し、寮生活で 3 年間過ごすケースがあります（他の地域ではどうかわかりませんが…）。そうして出身地を離れ他府県に進学した選手であっても、負傷した際には出身地の医療機関に戻り診断を受け、そのまま手術も受けたという話も耳にします。

　もし主治医あるいは執刀医の先生が、その選手の在籍する学校近くの医療機関と十分連携が取れていて、日常的に情報共有ができていれば、その後のリハビリテーションについても問題はないのですが、私に聞こえてくる話はそうでないケースが多く、不安になることもしばしばです。出身地では手術と退院までの急性期管理だけを行い、その後は月 1 回程度、経過確認のための診察を受けるだけで、主治医の側からはあとのリハビリテーションがどうなっているか確認できない状態では、その手術自体が再受傷のリスクとなりかねません。

　とくに手術を受けたあと急性期を経て、日常生活動作ができるようになるまでの間は、患側の上肢は、上腕骨骨折の固定などと比べて簡易なものとはいえ、それでも装具などによって可動域が制限されてしまいま

す。可動域が制限されている間に起こり得るのは患部の周囲の筋の萎縮、とくに筋の能力（筋力・筋パワー・筋持久力）は最低週1回の訓練を行わない限り維持すらできません[3]。また関節可動域が制限された状態でもある程度までは筋の能力低下を防ぐための訓練は可能ですが、制限されている範囲内でのみ効果があり、可動させられない範囲での筋力はやはり低下します[3]。

　そのような状態から適切な訓練を積み、再びボールを投げることができる段階まで、あるいは実際にボールを投げられるようになった後も、主治医あるいは執刀医の先生といつでもコミュニケーションが取れる距離にいることが、競技復帰における大切な要素だと私は考えます。

手術の侵襲

　これはあってほしくないことで、前述したUCLでの手術療法選択の判断でも少し触れましたが、手術か保存かの判断が極めて難しく、内視鏡で確認しようとなり、そのまま損傷が発見されて手術適応になった場合はとくに問題はないのですが、その逆で、損傷を発見できず内視鏡（関節鏡）での侵襲だけが起きた場合についても、考えてみたいと思います。

　この場合において問題となるのはその侵襲の傷跡で、これについては、その患部周辺に米粒サイズの創傷が3カ所できますが、それらは単に出血が止まり、肉芽組織でその傷跡が埋まっていればよいというものでもありません。

　内視鏡（関節鏡）が実際にUCLを確認できるレベルまで侵襲する場合、最低でも皮膚、皮下脂肪、表層の結合織膜（筋膜と呼ばれることが多いですが）、関節包と4層の組織を貫通します。場所によっては加えて一部の筋や腱（当然それらの表面・裏面にある筋外膜も）を貫通する可能性もあります。初期の炎症反応が起き、そのあと貫通された穴を埋めるのは線維芽細胞で、のちにその細胞はコラーゲンとなり傷は密封され、早い場合は術後4〜5日でそのプロセスを終えます[4]。しかしながら、そのコラーゲン複合体がもともとの組織と同化するまでにはさらに長い月日がかかることも一般的に知られており[4]、それまでは本来お互

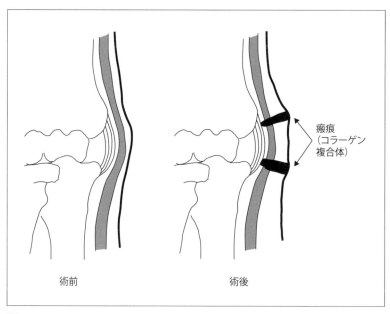

術前　　　　　　　　　　術後

瘢痕
（コラーゲン
複合体）

図3-1

いに独立していた何層もの組織がその傷跡、瘢痕組織によって一体化されてしまいます（図3-1）。

　どういうことかというと、皆さんの小学生時代、名札を安全ピンで胸に止めていたと思うのですが、夏場は１枚しか着ていないので問題にならなかったものが、秋そして冬と重ね着をしたとき、誤って名札の安全ピンが上着と下着２枚を貫通したときのことを思い出していただきたいのです。たった１～２cmほどの幅で２枚の衣服が左胸で癒着したとき、上半身にどれだけの違和感をもたらしたかを。それが肘や肩において、直径２mmほどとはいえ、４層から７層の本来独立しているはずの皮下組織を癒着させていることが、どれほどの違和感になるかは手術を経験した人でなくても想像がつくと思います。

　私が以前所属したMLBの球団では、手術の内容に関係なく、術後の皮膚と皮下組織のその違和感が消失するまで平均して６カ月程度かかっていました。

　したがって、小さな骨棘や遊離骨片の除去で侵襲性が少ないとされる

内視鏡（関節鏡）による手術であっても、その後選手が患部に感じる違和感は比較的長期にわたり、復帰を急いだ場合、その違和感によって本来の投球ができなくなることが、再受傷のリスクにもなり得ると考える必要があります。

　それらを踏まえたうえで、私の立場からは選手あるいは保護者には、非常に乱暴に聞こえるかもしれませんが、肩であっても肘であっても、関節内に骨片など遊離体がない場合においては基本的には保存療法が第一適応となり、その保存療法がうまくいかない場合、または復帰後症状が再発した場合に、その選手のその時点での学齢や将来どのレベルまで（あるいはいつまで）野球を続けたいかを俎上に載せたうえで手術を考え、もし手術を受ける場合は別の医師によるセカンドオピニオンも確保したうえで、誰に主治医になっていただくかを考える、というプロセスをお勧めしています。

[参考文献]

1) Azar FM, et al: Operative treatment of ulnar collateral ligament injuries of the elbow in athletes. American Journal of Sports Medicine 2000; 28 (1): 16-23
2) 国分正一ほか：今日の整形外科治療指針、第6版、医学書院 2010
3) Prentice WE: Rehabilitation Techniques in Sports Medicine, WCB/McGraw-Hill, 1999
4) 鶴池政明ほか：損傷した腱・靭帯の治癒過程、大阪体育大学紀要 2001; 149-157

投球再開までの取り組み

復帰に向けたロードマップ作成と環境確保の重要性

　前章では肩・肘といった部位の違い、そして選手の年齢層の違いなどもひと括りにして、という乱暴なまとめ方ではありましたが、投球障害においては、まず保存療法が第一の選択肢となり、その保存療法の成果がみられない場合において、手術を考慮することがほとんどであると伝えました。しかしながら、保存療法であっても、最短でも4週間、年齢や損傷の程度によっては12週間以上の「ボールを投げられない期間」が発生します。アスレティックトレーナー、あるいは医療人としてその選手の復帰に関与するにあたり、ここで問題になるのはその間の選手の復帰に向けての姿勢、いわゆる心の問題とどう向き合うか、という課題です。

　Hardyら（1990）は悲観すべき事柄が起きたときの人間の反応を、否定、怒り、取り引き（交渉や計算）、落ち込み、現実の受け入れならびに気持ちの切り替え、の5段階を経ると提唱しました[1]。また外傷や障害に特有の反応として、外傷・障害に関係する部位の知覚過敏の時期、情緒不安定の時期を経て、肯定的な見通しと対処ができるようになるとしています[1]。加えて、復帰までの期間が短いものであれば、受傷時のショックから解放されれば、リハビリテーションには楽観的で、根気を要する地味な作業に対しては取り組みが雑になりやすいものの、復帰に対しては熱望的になるとしています[1]。その一方、復帰までの4週間以上の時間を要する外傷・障害においては、リハビリテーションに対しての活力が減退したり、その間練習に参加できないことで疎外感を感じた

り、前述した5段階の反応のうち「怒り」がとくに強く起こることで、復帰に向けてのプロセスが予定通りに進んでいても懐疑的になるといった不合理的な思考も現れるとしています[1]。また慢性の疾患や、複数回受傷時のリハビリテーションにおいては「自分の身体は自分にしかわからない」と過度の独立心が芽生えるか、全く逆にアスレティックトレーナーほか周囲のスタッフに過度に依存するといった両極端な反応がみられるとしています[1]。

3つの手法

スポーツ心理学的手法がリハビリテーションにも有効であることが明らかになったのは1990年代からで、とくにゴールセッティング、（肯定的な）セルフトーク、そしてイメージトレーニングの3手法が効果的であることがわかりました[2][3]。

ゴールセッティングとは、野球の投手であれば、高校3年夏の大会で150km/hを投げたい、という長期目標を立て、そこからの逆算で、高校2年生の夏には145km/hを出せる、高校1年の夏には140km/hを出せるようになるにはどんなトレーニングゴールが必要か、といった中期的な目標とそれに必要な作業を、そしてそれらの中期目標を達成するため今週取り組むべきことは何か、あるいは今日やっておくべきことは何か、と短期目標を設定することを指します[3]。

セルフトークとは「自分への言い聞かせ」であり、ゴールセッティングで設定した目標や課題が達成できる、と自分に思い込ませる作業のことをいい、そのためには否定的な言葉遣いよりも肯定的な言葉遣いが大切だとされています[3]。Disney/Pixerのアニメ映画『カーズ』の冒頭、主人公のライトニング・マックィーンが真っ暗なトランスポーター（積載車）の中でこの後始まるであろうレースをイメージしながら、自分に言い聞かせるシーンがまさにそれです。

そして最後のイメージトレーニングは、目標を達成している自分をどこまで想像できるかの訓練であり、投手に話を戻すと、たとえば甲子園球場のマウンドにいる自分、対戦する相手打者、といった視覚的なイメージだけでなく、夏の大会、その日の第2試合で晴天時の気温や焼けつ

くような陽射しなど温度や皮膚の感覚、4万5000人が発する大歓声といった聴覚、そして天然芝の匂いといった嗅覚など、持てる感覚を総動員して自分が成功しているイメージをつくり上げる作業のことをいいます[3]。これらの3手法は陸上競技や競泳の選手にとっては非常に古くから、その他の競技においても近年では多くのアスリートが実践しているものであり、読者の皆さんにも非常に馴染みの深い手法かもしれません。

　スポーツ心理学的手法がリハビリテーションにおいて有効であり、選手をサポートするアスレティックトレーナーやその他医療関係者にとっては新たに詳しく学ぶべきものが増えたのかというと、必ずしもそういうわけではありません。選手にその外傷・障害では投球再開に向けてどれくらいの期間、どのような訓練が必要になるのか、いつから再びボールを握ることができるようになるのかを丁寧に説明することが、長期あるいは中期目標の設定につながり、その過程において今週は何をすべきか、さらには今日のセッションでは何に取り組むかの短期目標を、理解してもらうことが選手にとってはゴールセッティングにもなります。そして、その訓練に前向きに取り組んでもらえるようなコミュニケーションが選手自らの（肯定的な）セルフトークにつながり、外傷や障害の状況を言葉だけでなく、図や写真、あるいは動画などで説明することで、選手にとってはイメージトレーニングの材料となります。それらがここでいう「投球再開に向けたロードマップ」であり、そのロードマップの解像度が高ければ高いほど、選手はこれからの訓練に集中できるようになる、といえば大げさすぎるでしょうか？　また選手の学齢や理解度によって、どのようにしてそのロードマップの解像度を高めるかが変わってくるのも忘れてはいけないポイントでしょう。一部の方々にとっては、セラピストとして普段やっている仕事そのものが、負傷した選手のモチベーションにつながるというだけのことかもしれません。

ソーシャルサポート

　また2000年代に入ってからは、スポーツ心理学の分野では「ソーシャルサポート」という手法が注目されるようになりました。負傷した選手は治療のための通院などでチームを離れがちで、かつチームと一緒に

いることができても実際の練習には参加できず、復帰まで時間を要する場合ではとくに疎外感を感じるようになります[1]。指導者の側からみても、負傷した選手に何をさせていいのか、何をさせてはいけないのかがわからず、自然と距離を置きがちになってしまうのも無理もありません。ソーシャルサポートとは、選手がそういった疎外感を受けないように環境を整えましょう、というもので、手法というよりはコンセプト・考え方をいいます[4]。具体的には、負傷した選手をチームの練習中はできるだけグラウンドに置き、それも練習などに全く関係ない雑用をさせるのではなく、監督やコーチのそばで、チームへの指導・指示を一緒に聞かせることで、実際のパフォーマンス以外の部分はチームの近くにいる、そういう状態を負傷した選手のためにつくりましょうという考え方です[4]。したがって、治療のための通院、あるいは現場で行う競技復帰のための訓練はできるだけチームの練習時間外で行う、といった環境をつくるのがよいのかもしれません。

　一方メジャーリーグでは、長期リハビリテーションが必要となった選手が球団の本拠地から遠く離れたフロリダやアリゾナのキャンプ地でリハビリテーションを受けることがあります。前述の例からみればソーシャルサポートから大きく遠ざかるように思えるかもしれませんが、これには別のメリットがあります。キャンプ地のリハビリテーション施設にはメジャー（1軍）からAAA（2軍）、AA（3軍）、A（4〜6軍）、ルーキー（7、8軍）と各レベルから負傷した選手が集まっており、たとえば同じ肘の尺側側副靱帯損傷での再建術（トミー・ジョン手術）を受けた、それも退院直後から復帰目前までのさまざまな段階にいる選手たちが、競技レベルも超えて同じ場所でリハビリテーションを行うことで、負傷した選手間に深い交流が生まれます。その交流によって選手たちがリハビリテーションに前向きになれるというメリットもあり、これもソーシャルサポートのひとつと捉えられています[4]。

　私がお手伝いしている中学生の硬式野球チームでは、投球障害でノースローの選手は、ベースランニングやバッティング練習、捕球だけの守備など、できる練習には加わり、スローイングが必須となる練習ではグループを離れ投球再開に必要となる訓練を行うようにしています。その際もメイングラウンドのホームプレートにすぐ集まれるところでそれを

行い、監督やコーチが選手を集合させて指導を行う際には常にその輪に加わるように選手たちには指示しています。また以前は「ケガ人」だとか「故障者」とかネガティブなイメージを持った呼ばれ方をしていましたが、最近はメジャーリーグに倣い「DL（Disable List）組」と、まだまだ肯定的とまではいえませんが、できるだけマイナスイメージが薄い呼び方に、指導者の側から変えてくださったのには大変感謝しています。

急性期の管理

受傷して最初の48時間から96時間は、炎症反応などが起きるいわゆる急性期と呼ばれる期間です。この期間の対処法としては近年では中学校の保健体育の教科書にも取り上げられているRest（安静）、Ice（冷却）、Compression（圧迫）そしてElevation（挙上）の頭文字を取った「RICE処置」、あるいはそれの最前列にProtection（保護）を加えた「PRICE処置」が思い浮かぶでしょう。しかしながら、投球外傷・障害においては肩関節の脱臼あるいは上腕骨の捻転骨折を除くほとんどの場合、関節の固定が必要とされることはもちろん、投球以外の日常生活動作であれば特段安静にする必要はありません。第2章で示した通り、投球外傷・障害は、投球動作で発生するストレスによって症状が発生、あるいは悪化しますが、それらのストレスは日常生活動作ではまず発生しない種類のものだからです。

また2010年代に入り、前述のRICE/PRICEは果たして有効なのか、という疑問が沸き上がり、Rest（安静）がかえって損傷の治癒過程を妨げていることがわかってきました[5]。それまでComplete Rest（全身の安静）ではなくRelative Rest（負傷部位のみの安静）であるべきといわれてはいましたが、ここにきて患部にはOptimal Loading（適切な負荷）がかかるべきである、となり、RをOLに置き換えたPOLICEが提唱されるようになりました[5]。

もう少し具体的な説明をすると、筋や腱あるいは靭帯に損傷が起きると、炎症反応が終わるタイミングで線維芽細胞という細胞が損傷部位に集まります。この線維芽細胞は損傷部位をつなぎ合わせ、断裂あるいは

部分断裂され不安定になった組織が安定することによって痛みが減少します[6]。そして受傷後48時間から96時間の炎症期から、受傷後3週間頃まで続く修復期にかけて、その線維芽細胞はコラーゲンになって欠落した組織の代わりとなります[6]。この線維芽細胞からコラーゲンに置き換わるときに適切な張力が加わることで細胞はそれに適応し（図4-1）、より強度の高い結合を患部に起こすことがわかっています[7]。またこの時期に適切な負荷がかからなかった場合には、線維芽細胞がコラーゲンとなる際の線維の方向に規則性が生まれず（図4-2）、その後のリハビリテーション、とくに可動域を拡大する際において障害となる可能性が高まります[8]。

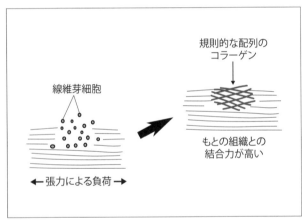

図 4-1

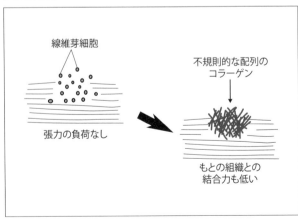

図 4-2

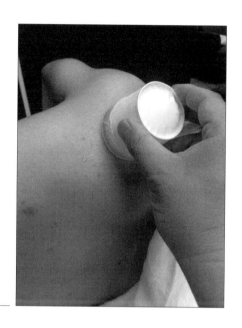

写真 4-1

　投球外傷が発生した際、前述したように肩関節の完全脱臼や上腕骨の捻転骨折のような重篤なものでない限りは、とくに関節の固定などは行わず、日常生活における動作は可能な限り行わせるほうが、その後のリハビリテーションを成功させるうえで重要です。

　PRICEあるいはPOLICEの１つであるＩ（Ice：アイシング・冷却）については、患部に線維芽細胞をはじめとした修復のための材料を運ぶための循環の確保や、MRI検査において組織内の水分を検知して炎症反応が確認されることも考えると、この時期においては痛みがある際に代謝を下げる目的で行う以外には神経質になる必要はないと個人的には考えています。いずれにしても日常生活動作ではあまり痛みは発生しないと考えられるうえに、この後何週間かはノースローの時期を迎えますので。仮に痛みが発生した際にはアイスカップによる患部マッサージ（写真 4-1）を５〜８分行うよう指示はしています。

可動域の改善

　発症後48時間から96時間の急性期が過ぎた頃から、あるいは関節の

固定を必要とした外傷においては固定期間を終える頃から、関節可動域の改善の取り組みが始まります。肩関節における関節唇損傷や肘関節における尺側側副靭帯損傷などのように、関節の不安定性がみられる外傷においては、可動域改善と同時またはその前にその関節周囲の筋群が関節安定化に働くことができるよう、神経－筋の協調や角度を限定しての等尺性筋力訓練を始めておくことが勧められます。

野球選手の投球側の肩においては一般成人より外旋の可動域が広く、それに伴って内旋の可動域が減少する傾向にあり、投手ではその傾向がさらに強くなることが一般的には知られています。Brownら[9]によると、プロの投手における肩関節外転90°位からの外旋可動域は平均で132°、これは非投球側の平均よりおよそ10°広いだけでなく、同じレベルの野手の投球側の平均と比べても9°可動域が広いことがわかりました。Johnsonら[10]による大学野球の選手を対象にした研究をはじめ、同じ傾向を示すエビデンスは多く存在します。Biglianiら[11]は、プロの投手の61%、プロの野手の47%が投球側の肩関節の下方不安定性テスト（Sulcus Sign）が陽性であったと報告しており、野球選手は野球を続けてきたことにより投球側の肩関節の関節包が緩むことを示唆しているのに加えて、同じ対象群の投手のうち54%が、野手においても45%が非投球側においても同テストにおいて陽性を示していることから、ルースショルダーと呼ばれる先天的に肩関節の可動域の広い人たちが、プロのレベルに多くいることもわかりました。

可動域を広げる意味

さて、それら関節の可動域が一般の人よりもはるかに広い野球選手において、投球外傷や障害からの復帰の過程とはいえ、可動域を広げるというのはケガのリスクを高めてしまうことにつながらないのか、という疑問をここまで読まれた方は感じているのではないでしょうか。先天的に緩い肩関節を持つ人が野球を続けることで、投球側の肩関節の可動域がさらに広がっている、その広すぎる可動域が肩関節の前方不安定性の原因となり、関節唇の損傷や脱臼・亜脱臼のリスクとなっていることは間違いなく、むやみやたらと可動域を広げるというのは危険な行為とい

わざるを得ません。

　これまで多くの現場で選手たちが自ら行っているウォーミングアップなどの可動域拡大のための取り組みの中に、外傷のリスクを高めてしまうものをたくさん目にしてきましたし、何らかの資格を持つ方による指導や施術の中にそういったものがあるのも日本ではもちろんのこと、米国でも、そしてプロ、大学生、高校生など競技レベルを問わず目にしてきました。選手の感覚としては速い、あるいは強い（または重たい？）ボールを投げるにあたり、肩関節ではとくに外旋の可動域が欲しい、しかしながら過度の外旋は上腕骨の前方への変位を促し、肩関節前方にある関節唇、関節包や関節上腕靭帯の損傷につながる、この矛盾を抱えて行うのが投球という運動であり、選手の望むことすべてが選手の身体にとってよいこととはいえないことも理解しておく必要があります。

「改善」とは何か

　ではここでいう可動域の改善、とは何を指すのか？　DiGiovineら（1992）が行った投球時における筋電計による上肢筋活動の分析[12]によると、投球の各フェーズにおいてそれぞれ徒手筋力計で測定された最大筋力に近い、あるいはそれを超える大きな負荷がかかる筋があることがわかっています。代表的なものでは、コッキング後期での前鋸筋、肩甲下筋、アクセラレーション（加速）期において、肩では肩甲下筋、肘・前腕では円回内筋、橈側手根屈筋、尺側手根屈筋や浅指屈筋が、そしてボールをリリースした後の肩においては小円筋が、肘・前腕では上記した3つの筋が挙げられています。

　それらの筋群が投球時にかかるストレスを吸収できなかったことで、筋単独で損傷を起こしたり、それらの筋群の付着する骨組織に影響を与えたり、その筋が跨いでいる関節に不安定性をもたらすことは容易に想像できます。これらの筋は、負傷前は常に負荷がかかっており、その能力を適切に発揮できない状態に置かれていたことが多く、この投げられない期間に柔軟性を再獲得し、投球を再開した後もその柔軟性を維持し、投球で発生するストレスを最大限吸収できるようにするのがここでの目的です。

前鋸筋や肩甲下筋など、筋によってはアスレティックトレーナーやセラピストの助けを借りないと十分に柔軟性を確保できないものもあります。また、可動域の確保の中には関節包内で起きている上腕骨骨頭の滑り運動を改善する関節モビライゼーションや、尺骨内側にある肘部管での尺骨神経の滑走を再獲得することも外傷・障害によっては必要となります（写真4-2）。

しかしながら、想定される本書の読者がどのような教育を受けてきているかといったバックグラウンドの幅が広いことや、間違って行うと負傷リスクが高くなってしまう技術を誌面上のみで伝えることは非常に難しいため、本書では選手一人で行えるものを中心に紹介します。

以下のセルフストレッチングは、伸張状態で最短15秒間保持を、2セット以上が基本です。

肩のセルフストレッチング

棘下筋・小円筋　その1

スポーツ現場でなくてもあちこちで最も多く見かけるであろう上肢を水平内転させ、反対側の前腕で身体に引き寄せるストレッチング（写真4-3）です。この方法を自身で実際にやってみるとわかりますが、三角筋後部に伸張を感じるものの、棘下筋・小円筋に伸張を感じることはありません。

この姿勢から上肢全体を内旋させ、反対側の手で上腕を上からつかむ（写真4-4）ことで棘下筋・小円筋が伸張されるようになります。

棘下筋・小円筋　その2

側臥位から肩関節を内旋させるストレッチング（写真4-5）で「スリーパーストレッチ」の名前で知られるもので、内旋をコントロールすることができるのが特徴です。顎を使って上腕骨骨頭を背側へ押し込ませることが指導上のポイントです。

肩峰下インピンジメントを誘発する肢位でもありますので、棘上筋の損傷、肩峰下滑液包炎あるいは上腕二頭筋長頭炎と診断された選手には指導しないほうが無難です。

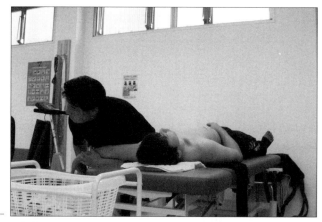

写真 4-2

写真 4-3

写真 4-4

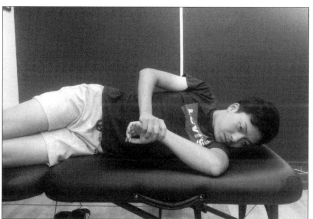

写真 4-5

前腕のセルフストレッチング

浅指屈筋・尺側手根屈筋・橈側手根屈筋　その1

　指4本をつかみ、手関節背屈と肘の伸展を行う前腕の基本となるストレッチングです（写真4-6）。立位で行う場合には選手の目の高さで行うよう指示します。

　人差し指と中指の2本をつかんで（写真4-7）、薬指と小指の2本をつかんで、と分けて行ってもよいでしょう。

浅指屈筋・尺側手根屈筋・橈側手根屈筋　その2

　その1のストレッチングから前腕を回内させ、両腕が交差した状態で保持します（写真4-8）。その1と同じく、人差し指と中指の2本をつかんで、薬指と小指の2本をつかんで、と分けて行ってもよいでしょう。

浅指屈筋・尺側手根屈筋・橈側手根屈筋　その3

　その2とは逆に前腕を回外させた状態で保持します（写真4-9）。前腕筋群がストレッチされた状態を保ったまま回内（その2）〜回外（その3）の動作を行うことで、対象となる筋群だけでなく、尺骨神経、正中神経、橈骨神経の瘢痕組織などによる絞扼の予防も期待できます。その1、その2と同じく、人差し指と中指の2本をつかんで、薬指と小指の2本をつかんで、と分けて行ってもよいでしょう。

筋の柔軟性のみではない

　可動域の改善をテーマに、選手自らが行うことのできるストレッチをいくつか紹介しました。前述した通り、可動域とは単に筋の柔軟性だけを指すものではなく、関節包内での骨の動き（滑り・転がり・軸回旋）や神経の滑走性、筋膜に代表される結合織膜の伸張性なども可動域の要素に含まれます。そういった意味ではやはり、チームにそのような知識を持ったアスレティックトレーナーがいることが理想です。仮にそのような人材がチームにいなくても、そういった知識や技術を持ったセラピストにアクセスできる環境が大切でしょう。

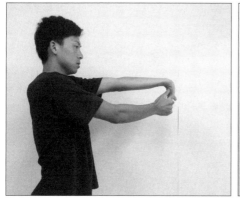

写真 4-6

写真 4-7

写真 4-8-a

写真 4-8-b

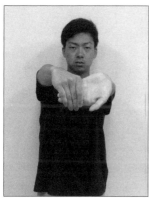

写真 4-9-a

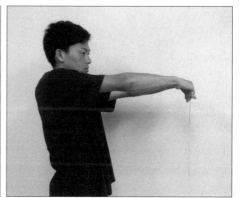

写真 4-9-b

セルフケアでは手の届かない範囲については、理学療法士や柔道整復師、鍼灸師などの医療資格保持者やアスレティックトレーナーの有資格者に向けて、直接ご紹介できる機会があればと考えています。

肩甲骨のアライメントと姿勢の改善

　可動域の改善と同じく急性期を過ぎた頃から開始する必要があるのは、姿勢の改善と、それに大きな役割を持つ肩甲骨のアライメント補正の作業です。P.33可動域の改善のところでも触れましたが、野球選手の投球側の肩90°外転位からの外旋可動域は広くなる傾向があり、この状態で肩関節前面にある関節唇や靭帯に大きな負担がかかる[13]とされていますが、これらは肩甲上腕関節単独での外旋ではなく、肩甲骨の動きも含まれた数値を指しています。肩関節外転90°位からの最大外旋を肩甲上腕関節で行っても、肩甲骨の位置、状態によって肩全体での見た目上の可動域は異なる結果となります。その悪い姿勢のまま、さらなる肩

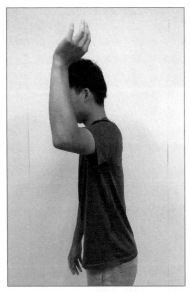

写真4-10　悪い姿勢での肩関節最大外旋

写真4-11　よい姿勢での肩関節最大外旋

の外旋が強制されると、肩関節前面にある関節唇や関節上腕靭帯により大きな負担がかかります（写真4-10）。

肩甲骨の運動と構造、その働き

　肩甲骨の運動には前額面上（背側から見て）挙上と下制、外転と内転、外旋と内旋（図4-3）があります。このうち3つ目の外旋と内旋の可動域については数値化がある程度可能ですが、残り2つの運動の可動域を具体的に数値化することは極めて困難です。ただ投球動作で最も重要な、肩関節外転90°位からの外旋において、肩甲骨を下制、内転させた姿勢を保てば（写真4-11）、同じ外旋角度において肩甲上腕関節の前面の組織にかかる負担は小さくなるのは、容易に推察できます。肩甲骨は構造上、腹側で鎖骨を介して胸郭につながっているだけで、背側では前鋸筋や肩甲下筋を介して胸郭から浮いた状態にあります（図4-4）。その肩甲骨が、下肢からの地面反力をはじめとする力の伝達に重要な役割を担っており、投球動作においてアクセラレーションからボールリリースのタイミングで、しっかりとその位置が固定されていなければ速い

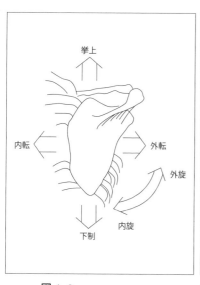

図4-3

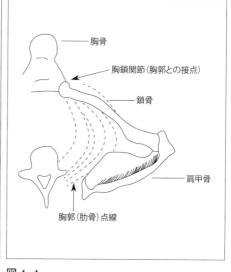

図4-4

ボールを投げることはできません。

　たとえるなら、水上の手漕ぎの小さなボートから戦艦大和の46cm砲を発射すれば間違いなくその反動でボートは転覆してしまいます。この水に浮かんでいるボートが肩甲骨で、軸足から伝わる力を上肢に伝え、時速140kmのボールを押し出した腕の振り（大砲）の反動を受け止められる能力が求められるのです。上述のたとえに戻ると、46cm砲を3基9門も装備し、洋上で何門か同時に発射してもビクともしない戦艦大和（排水量6万4000トンの大型船）のような安定感を持つ肩甲骨にしたいというわけです。

肩甲骨へのアプローチの変遷

　この肩甲骨を内転（脊柱に寄せる）かつ下制させた姿勢を投球動作の間できるだけ維持・安定化させるために、さまざまなエクササイズが考案されてきました。私がこれまで経験した中でも、投球障害予防のさまざまな取り組みにおいて、この15年間で最も大きな進歩を遂げたと感じるのは、この肩甲骨のアライメント補正のエクササイズといっても過言ではないように思います。ある球団にスプリングトレーニングでインターンとして参加した2004年には、投球後のフリーウェイトを用いてのショルダーエクササイズを投手が行う際、アスレティックトレーニングルームの壁に設置された鏡の前に立ち、必ずアスレティックトレーナー（ATC）あるいはストレングスコンディショニングコーチ（CSCS）が立ち合って行うように、という指示のもと、選手本人の目とサポートスタッフの目の両方から肩甲骨の動きの左右差をチェックする、といった意識づけは、すでになされていました。

　その2年後の2006年、日本人選手の通訳兼アスレティックトレーナーとして勤務した別の球団では、姿勢改善を目的とした背筋群のアイソメトリクス（プローンコブラ）エクササイズ[14]と、アスレティックトレーナーが徒手抵抗を加え、肩甲骨周囲筋を強化するエクササイズがすでにルーティーン化されていました。しかし私が通訳として担当した日本人投手が、スプリングトレーニング中に投球により肩関節を前方脱臼し、3カ月のリハビリテーションを経てキャッチボール再開の時期を決

定する際、肩甲骨の動きのコントロールがうまくできていなかったのが脱臼の原因のひとつではないかということで、シーズン中に急遽外部の専門家を本拠地球場に招き、肩甲骨周囲筋の収縮をコントロールし、下制と内転の保持を促すエクササイズについて指導を受けることになりました。そして翌年のスプリングトレーニングを待つことなく、その選手のリハビリテーションに留まらず、MLBレベル（1軍）からルーキーリーグ（7軍）までその球団全レベルでのルーティーン化を実現しました。

　またその後帰国し、勤務先の大学で行った米国スポーツ医学研修の際にスプリングトレーニングを訪問した別の球団では、ゴム製のバンドを用いて行うエクササイズや、上肢の速い動きに影響を受けないで肩甲骨の位置を維持する目的の「ブラックバーン6」と呼ばれるエクササイズ[15]がルーティーン化されていました。

　本章ではそれらの中で、選手が一人で行えるものを紹介したいと思います。

姿勢改善を目的とした背筋群のアイソメトリクス「プローンコブラ」（写真4-12）

　ベッドなどの上で伏臥位となる。肩関節は30°程度外転、肘は伸展し、上肢全体を外旋させ、親指を天井へ、手のひらを外に向ける。その姿勢を保持する[14]。30秒3セットより始め、60秒3セット行っても姿勢が崩れないようになれば、ダンベルで負荷を増やすか、バランスボールに上体を乗せて行う。

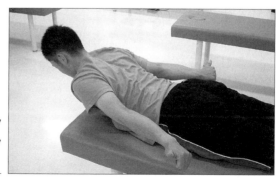

写真4-12　プローンコブラ（背筋のトレーニング）

肩甲骨安定化のためのエクササイズ　その1（写真4-13）

　座位（できれば足がつかない高さにて）で背筋を伸ばし、両手でタオルの両端を持って両肩関節を90°外転、肘を90°屈曲（タオルを強く引っ張り、肘を伸展する方向に力を入れておく）、その位置からゆっくりと両肩関節をタオルが額に当たるまで外旋させ、元の位置に戻す。肩甲骨内転に働く筋群の収縮を促すことが目的。

肩甲骨安定化のためのエクササイズ　その2（写真4-14）

　エクササイズ1を、タオルを用いずに行う。タオルを引っ張らずとも肩甲骨の内転を保持することが目的。

肩甲骨安定化のためのエクササイズ　その3（写真4-15）

　エクササイズ2の姿勢（座位で肩関節90°外転、肘関節90°屈曲）から肘の屈曲角度を保ったまま両指先が触れ合うよう、両肩関節を水平内転させ、元の位置に戻す。水平内転、水平外転の間、肩甲骨の内転を保持することが目的。

肩甲骨安定化のためのエクササイズ　その4（写真4-16）

　ベッドの端から胸より上を出すようにして伏臥位になり、両肩関節を120°外転、上肢は外旋させ、親指を天井に向ける。その位置から肘関節のみを屈曲し両指先を接触させ、元の位置に戻す。肘の屈曲、伸展の間、肩甲骨の位置を保持することが目的。

　上記1〜4のエクササイズは（マウンドあるいはブルペンからの）投球後に15回・2セットを基本として行うことを推奨するが、負荷が非常に軽いので姿勢を改善する目的で毎日のルーティーンとして行ってもよい。

肩甲骨安定化エクササイズ

写真 4-13-a

写真 4-13-b

写真 4-14-a

写真 4-14-b

写真 4-15-a

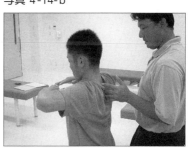

写真 4-15-b

写真 4-16-a

写真 4-16-b

ミニバンドを用いたエクササイズ

写真 4-17　　　　　　写真 4-18

ミニバンドを用いたエクササイズ（写真4-17、4-18）

　ミニバンドに両手首を通し、壁を向いて肩関節90°屈曲、肘関節90°屈曲し前腕を壁に押しつける。そこから前腕を平行に保ったまま壁を5歩上って下りる。これを5往復する。上肢の上下動の間、前鋸筋によって肩甲骨の位置をコントロールすることが目的。バンドはこのエクササイズが正しく行える負荷のものを選び、投球後に2セット行う。

ブラックバーン6エクササイズ　その1（写真4-19）

　ベッドなどの上で伏臥位となり額で枕を押しつける。肩関節は30°程度外転、肘は伸展し、上肢全体を外旋させ、親指を外へ、手のひらを床に向ける。この姿勢から上肢を20回小さく速く（前回りに、あるいは後ろ回りに）回す[15]。

ブラックバーン6エクササイズ　その2（写真4-20）

　ベッドなどの上で伏臥位となり額で枕を押しつける。肩関節は90°外転、肘は伸展し、上肢全体を内旋・外旋の中間位とし、親指を頭上の側

へ、手のひらを床に向ける。この姿勢から上肢を20回小さく速く（前回りに、あるいは後ろ回りに）回す[15]。

ブラックバーン6エクササイズ　その3（写真4-21）

　ベッドなどの上で伏臥位となり額で枕を押しつける。肩関節は90°外転、肘は伸展し、上肢全体を外旋させ、親指を天井へ、手のひらを頭上の側に向ける。この姿勢から上肢を20回小さく速く（前回りに、あるいは後ろ回りに）回す[15]。

ブラックバーン6エクササイズ　その4（写真4-22）

　ベッドなどの上で伏臥位となり額で枕を押しつける。肩関節は120°外転、肘は伸展し、上肢全体を内旋・外旋の中間位とし、親指を頭上の側へ、手のひらを床に向ける。この姿勢から上肢を20回小さく速く（前回りに、あるいは後ろ回りに）回す[15]。

ブラックバーン6エクササイズ　その5（写真4-23）

　ベッドなどの上で伏臥位となり額で枕を押しつける。肩関節は120°外転、肘は伸展し、上肢全体を外旋させ、親指を天井へ、手のひらを頭上の側に向ける。この姿勢から上肢を20回小さく速く（前回りに、あるいは後ろ回りに）回す[15]。

ブラックバーン6エクササイズ　その6（写真4-24）

　ベッドなどの上で伏臥位となり額で枕を押しつける。肩関節は90°外転、肘も90°屈曲、前腕を回外させ、親指を天井へ、手のひらを頭の側に向ける。この姿勢から上腕骨を20回小さく速く（前回りに、あるいは後ろ回りに）回す[15]。

　ブラックバーン6エクササイズは（マウンドあるいはブルペンからの）投球後にその1〜6を前回りに上肢を回旋させて1セット、後ろ回りに上肢を回旋させての2セットを行うことを推奨するが、負荷は自身の上肢の重量だけと非常に軽いものでもあるので、姿勢改善のために毎日2セット行ってもよい。

ブラックバーン 6 エクササイズ

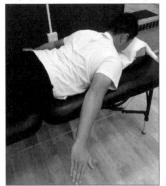

写真 4-19

写真 4-20

写真 4-21

写真 4-22

写真 4-23

写真 4-24

肩関節の位置覚向上と周囲筋の活性化

　投球外傷・障害が発生し、肩関節の運動に制限がかけられていた状態が続くと、肩関節の位置覚（Proprioception：各骨がどの角度にあるかを検知する能力）や運動覚（Kinesthesia：上肢や下肢などがどれくらいの速さで、あるいは筋がどれくらいの張力で運動が行われているかを検知する能力）が低下します[16]。脱臼や骨折などで長期間ギプス固定などを施されていた経験のある方なら、固定を外されたときの「自分の身体じゃない感じ」は記憶に残っているでしょう。ギプスなどのがっちりとした固定を施されていなくても、それまで毎日のように行っていた投球をしなくなって、ある程度の時間が過ぎただけでも位置覚や運動覚は低下していることが十分考えられます。したがって、投球練習を再開するまでにそれらの能力を再獲得しておかなければなりません。

　肩関節の機能的な安定性は、骨組織や靭帯などの静的な（構造としての）安定化機構だけでなく、それらの骨に付着し運動を起こす筋の働きによる動的な安定化機構の双方によって生み出され、とくに後者である動的安定化機構は、筋力、筋持久力、柔軟性などが高度な神経－筋の協調によってコントロールされて初めて機能します[16]。ダンベルなどを用いた通常の筋のトレーニングにもある程度、位置覚や運動覚など神経－筋協調の訓練の要素は含まれますが、投球を再開した後の再受傷の予防という意味では、それに特化した訓練が必要だと私自身はこれまでの経験から感じています。

肩関節の位置覚の評価と訓練

　背臥位で「気を付け」の姿勢をとり、投球側の肘は伸展させたまま指先で部屋の壁や天井の任意の位置を指差します（写真4-25）。そのまま眼を閉じ、指差しした上肢を「気を付け」の位置に一度戻してから眼を閉じたまま再度同じ場所を指差します。最初に指差しした場所（写真4-26-a）から眼を閉じて再度指差しした場所にずれが生じる場合（写真4-26-b）、位置覚が正常ではないことを意味します。これらをさまざまな角度（写真4-27～31）で確認します。もちろんこの手法それ自体を

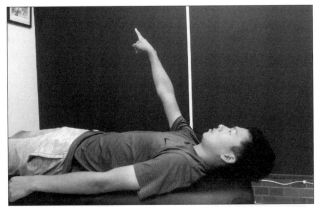

写真 4-25

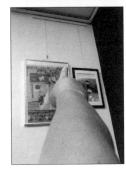

写真 4-26-a

写真 4-26-b

何度も繰り返し行うことで、位置覚の正常化に向けての訓練となります。

肩関節の安定化を目的とした周囲筋の活性化

　前述した位置覚の評価ならびに訓練と同じように、背臥位になり、写真4-27〜31それぞれの肢位で示指の先で円を描くように回旋させます。各肢位10回を時計回り、反時計回りの2セット行います。後述する回旋腱板の訓練が立位、伏臥位とも問題なく行えるようになった時点からは、側臥位（写真4-32〜36）でこのエクササイズを行うようにします。

　本書では選手自身が行えるものを紹介していますが、写真4-27〜31、あるいは4-32〜36の肢位で、Proprioceptive Neuromuscular Facilitationに詳しいセラピストあるいはアスレティックトレーナーに

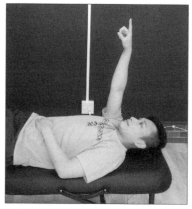

写真 4-27

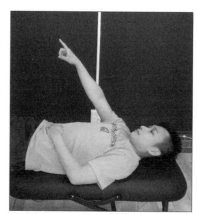

写真 4-28

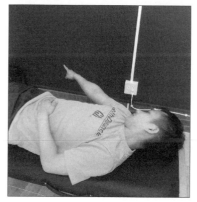

写真 4-29

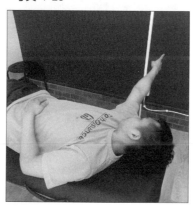

写真 4-30

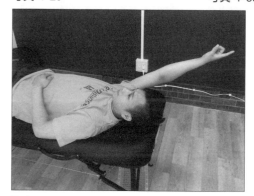

写真 4-31

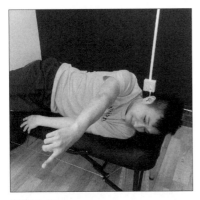

写真 4-32

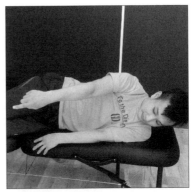

写真 4-33

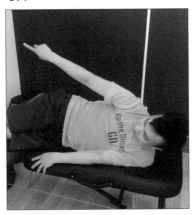

写真 4-34

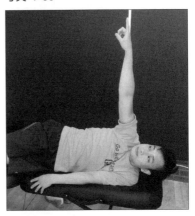

写真 4-35

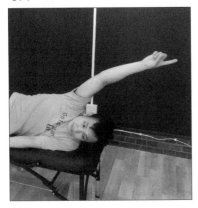

写真 4-36

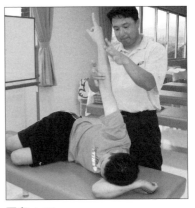

写真 4-37

よるリズミックスタビライゼーション（写真4-37）の補助が受けられるのが理想です[17]。

肩（肩甲上腕）関節の安定化を目的とした周囲筋の強化

可動域の改善がみられるようになれば、次の段階としてその関節の安定化を図る筋の能力を高める必要があります。とくに可動域の改善（P.33）のところで触れた、投球時に最大筋力に近いあるいはそれを超えた負荷がかかる、肩甲骨と上腕骨をつなぐ回旋腱板あるいはRotator Cuffと呼ばれる棘上筋、棘下筋、小円筋、肩甲下筋、そして前鋸筋[12]などの筋力向上がとくにこの期間において重要です。最大筋力に近い、あるいは超える筋放電がみられるということで本来ならば、最大筋力を超える負荷での遠心性収縮での訓練が必要となる[18]のですが、本書においては訓練されたセラピストあるいはアスレティックトレーナーによる徒手抵抗の補助以外の訓練を中心に紹介したいと思います。したがってここで紹介する訓練は、筋持久力の向上が主な目的となります。

ダンベルを用いたエクササイズ、立位からの屈曲（写真4-38）

足を肩幅に開いて立ち、ダンベルを90°前方に挙上する。挙上させたときの倍以上の時間をかけて元の位置に戻す。できるだけ鏡の前で行い、僧帽筋部の収縮がみられないよう注意して行う。

ダンベルを用いたエクササイズ、立位からの外転（写真4-39）

足を肩幅に開いて立ち、ダンベルを90°側方に挙上する。挙上させたときの倍以上の時間をかけて元の位置に戻す。できるだけ鏡の前で行い、僧帽筋部の収縮がみられないよう注意して行う[19]。

ダンベルを用いたエクササイズ、立位からのScaption（肩甲棘面挙上）（写真4-40）

足を肩幅に開いて立ち、ダンベルを90°、真横から20～30°前方に挙上する。挙上させたときの倍以上の時間をかけて元の位置に戻す。できるだけ鏡の前で行い、僧帽筋部の収縮がみられないよう注意して行う[19]。

ダンベルを用いたエクササイズ、伏臥位からのＴ（写真4-41-a・b）

　胸から上は先端から出た状態でベッドなどにうつ伏せになり、肩甲骨を寄せる（内転させる）。肩関節を水平伸展する。戻すときは肩関節を水平屈曲させ、肩甲骨を外転させる[19]。

ダンベルを用いたエクササイズ、伏臥位からのＹ（写真4-42）

　胸から上は先端から出た状態でベッドなどにうつ伏せになり（写真4-41-aの状態から）、肩甲骨を寄せる（内転させる）。上肢を斜め前45°方向へ挙上する。戻すときは上肢をもとの位置に戻し、肩甲骨を外転させる[19]。

ダンベルを用いたエクササイズ、伏臥位からのＷ（写真4-43-a・b）

　胸から上は先端から出た状態でベッドなどにうつ伏せになり（写真4-41-aの状態から）、肩甲骨を寄せる（内転させる）。肘関節を屈曲させながら肩関節を水平伸展、その後90°外旋する。戻すときは肩関節内旋、肘関節の伸展と同時に水平屈曲、その後肩甲骨を外転させる[19]。

ダンベルを用いたエクササイズ、伏臥位からのＴ（写真4-44-a・b・c）

　投球側の肩関節が端から出た状態でベッドなどにうつ伏せになり、肩甲骨を寄せる（内転させる）。肩関節は伸展し水平位まできたところで30°外転させる。戻すときは肩関節内転、屈曲のあと、肩甲骨を外転させる[19]。

ダンベルを用いたエクササイズ、側臥位からの外旋（写真4-45）

　投球側上肢は肘を屈曲させた状態で上になるようにして側臥位をとり、反対側の手は投球側の腋に挟む。上腕骨を外旋させ、外旋時の倍の時間をかけて元の位置に戻す。上腕二頭筋長頭炎や関節唇損傷からのリハビリテーションとして行う際には、再受傷のリスク回避のため、外旋は基本肢位（前腕が地面と水平となる状態）までに留める[19]。

写真 4-38　　　　　　　　写真 4-39　　　　　　　　　写真 4-40

写真 4-41-a

写真 4-41-b

写真 4-42

写真 4-43-a

写真 4-43-b

写真 4-44-a

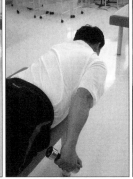
写真 4-43-b

写真 4-43-c

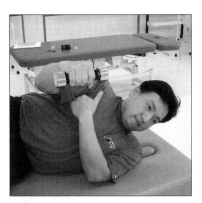
写真 4-45

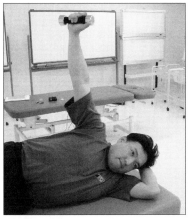
写真 4-46-a

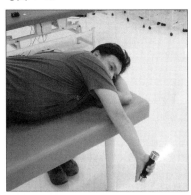
写真 4-46-b

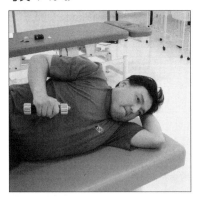
写真 4-46-c

ダンベルを用いたエクササイズ、側臥位からのリーチアウト（写真 4-46-a・b・c）

　非投球側の腕を枕にし、投球側上肢は肘を屈曲させた状態で上になるようにして側臥位をとり、ダンベルを天井方向へ突き出す（肩関節の外転、肘関節の伸展）、上肢全体を内旋させながら斜め方向へダンベルをベッドよりも下へ降ろす（肩関節内転と伸展）、肘関節を屈曲させながら最初の位置に戻す[19]。

　上記のダンベルエクササイズの負荷は全て15回を代償運動なく正確に行える範囲の負荷（資料はありませんが、NPBの某球団では日本人選手は2.5kgまで、私が実際に関わったMLB球団でも8ポンド、すなわち約4kgまでに制限されていました）に留め、1セッションでは2セット行う[19]。またチューブなど他の負荷を用いて行う場合であっても、最低1日のリカバリーを挟んだ後に肩関節周囲筋の訓練を行うことを勧めます[19]。

ダンベル以外の負荷を用いた肩関節周囲筋の強化

　ここまではダンベルを用いての肩関節周囲筋の強化を紹介しましたが、それ以外の負荷を用いての訓練も紹介します。単に投げられない時期の訓練に飽きがこないように、という意味だけでなく、ダンベルを用いての訓練では効果が期待できない部分を、それら別の負荷によってカバーするためでもあります。一般的に、筋力の維持のためには最低週1回、筋力の向上を図るにはそれ以上の頻度で、かつそのつど適切なリカバリー（回復）のための時間が必要といわれていますが[20]、もし週2回の訓練であれば1回目はダンベルを用いての肩関節周囲筋の強化、リカバリー日を挟んで2回目はダンベル以外の負荷を用いて、といった具合にバラエティを持たせることが可能になります。

チューブの選択と設置

　チューブ両端に手を通す輪をつくり、その中央部をカラビナなどに通しフェンスに引っかける（写真4-47）。負荷は2種類、高校生以上の場

合、セラバンド社のセラチューブであれば、赤（ミディアム）と青（エクストラヘビー）、中学生の場合は黄（シン）と緑（ヘビー）の組み合わせを推奨します。

立位からのM（写真4-48）

　可能な限り高いところに中央部を固定した軽いほうの負荷（赤あるいは黄）のチューブの両端に手を通し、肩甲骨を引き寄せ（内転させ）たのち、肩関節を伸展させる。戻すときは逆に肩関節を屈曲してから肩甲骨を元の位置に戻す。15回を2セット。

立位からのT（写真4-49）

　目の高さに中央部を固定した軽いほうの負荷（赤あるいは黄）のチューブの両端に手を通し、肩甲骨を引き寄せ（内転させ）たのち、肩関節を水平伸展させる、戻すときは逆に肩関節を水平屈曲してから肩甲骨を元の位置に戻す。15回を2セット。

立位からのY（写真4-50）

　地面の高さに中央部を固定した軽いほうの負荷（赤あるいは黄）のチューブの両端に手を通し、肩甲骨を引き寄せ（内転させ）たのち、肩関節を肩甲棘面に屈曲させる。戻すときは逆に肩関節を伸展してから肩甲骨を元の位置に戻す。15回を2セット。

立位からのリーチアウト（写真4-51）

　チューブを固定したフェンスに背を向けるように立ち、地面の高さに中央部を固定した、負荷の大きいほうのチューブ（青あるいは緑）の両端に手を通す。足を前後に開き、前傾した姿勢をとる。肘を屈曲させて脇を締めたところから両腕を大きく横から回すように前上方に突き出す。戻すときは直線的に肘を屈曲させながら、最大屈曲していた肩関節を伸展させる。15回を2セット、2セット目は前後に開いた足を入れ替える。

写真 4-47　　　　写真 4-48　　　　写真 4-49

写真 4-50　　　　写真 4-51

その他の負荷を用いての肩関節周囲筋の強化

　ボディブレードなどの商品名で知られる、それ自体が生み出す「しな
り」という負荷をコントロールする棒状の器具を用いて、関節可動域の
範囲内で安定性の弱い部分をピンポイントで訓練することができます。
ずいぶん以前になりますが、深夜のインフォマーシャル（テレビショッ
ピング）で器具を目にした方も多いかもしれません。MLB球団のアス
レティックトレーニングルームでこれを見て、ポカンと口を開けていた
私に、先輩のアスレティックトレーナーが「使えるものは何でも使うの
がこのレベルだよ」と胸を張って私に告げたのを今でも思い出します。

立位でのボディブレード

　立位から肩関節を90°屈曲させ、その場で振ります（写真4-52）。効率よく振るには下肢から胸郭そして肩甲骨までをしっかりと固定させ、回旋腱板（ローテーターカフ）各筋の収縮・弛緩を細かくコントロールする必要があります。ほかにも90°外転位（写真4-53）、基本肢位から90°肘を屈曲しての内外旋（写真4-54）でも行うことができます。

投球動作を通じてのボディブレード

　脚を前後に開いて、投球時と同じ姿勢、スタンスをとり、加速期からボールリリース、そしてフォロースルーと腕を動かしながら振ります（写真4-55-a・b・c）。

ダンベル以外の負荷について

　近年（といってもここ15年以上になりますが）、各関節可動域の動きはじめの段階に強く負荷のかかるトレーニング法とそれを再現できる器具が脚光を浴びており、そのトレーニング法を勧める宣伝の中に、フリーウェイト以外ではパフォーマンス向上は期待できない、とくにチューブを用いたエクササイズはパフォーマンスを低下させる、などといった言説が記載されていました（それも本文中ではなく、新刊時巻かれていた帯の部分にありましたので、本書では参考資料として紹介しないことにしました）。具体的にどうパフォーマンスを低下させるのかというエビデンスは、私の勉強不足かもしれませんが、未だに見つけられてはいません。動作の終盤に負荷がかかるとされるチューブを用いたエクササイズも、選手個人がセルフトレーニングとして行うやり方ではなく、訓練されたアスレティックトレーナーが補助をしながら行うことで動き始めの範囲はもちろん、関節可動域全域を通じて負荷をかける、という筋力強化の理想的な状態に近づける方法はあり、それらも再受傷の予防に十分効果が見込めると思われます。

　私がこれまで関わった投手たちのほとんどが試合で登板した際に、打者のタイミングと自分の投球動作のリズムがシンクロしている、と気づき、コッキングから加速期の間にボールの握りを変えたり、ボールリリ

写真 4-52　　　　　　　写真 4-53　　　　　　　写真 4-54

写真 4-55-a　　　　　　写真 4-55-b　　　　　　写真 4-55-c

ースを遅らせ暴投という結果になっても打たれるのを回避した、という
経験があるといいます。実際に試合中などにそうなったときの肩や肘に
かかるストレスは、現在の技術では計測のしようがありませんが、通常
の投球動作よりも大きな負荷であろうことは容易に想像がつきます。動
き始めにかかる負荷に耐性を持たせ、より強く加速させ、速い球を投げ
ることももちろん大事ですが、そういったイレギュラーが発生した際に
どう反応できるかも考えに入れる必要があるのではないでしょうか。第
1章で話しましたが、たった1球でも靭帯や関節包など組織の本来持つ
強度を超えたストレスがかかることが、十分予測されるのですから。

肘関節安定化を目的とした前腕筋群の筋力強化

投球時、アクセラレーション（加速期）において肘関節にかかるストレスを吸収するために、その最大筋力に近い、あるいはそれを超えた負荷がかかるのは、円回内筋、橈側手根屈筋、尺側手根屈筋など前腕腹側にある筋群だといわれています[12]。それらの筋群についても、訓練されたセラピストあるいはアスレティックトレーナーが行う徒手抵抗訓練と違い、選手個人がセルフで行える訓練で最大筋力を超えるストレスを再現するのは非常に困難なため、本書では主に筋持久力を目的とした訓練の紹介となることをご容赦ください。

フリーウェイトを用いての前腕筋群の強化

使用する道具について

肘・前腕の筋群の筋力強化について、手の掌屈・背屈（いわゆる手首の曲げ伸ばし）についてはダンベルで行うことが一般的ですが、それ以外の運動においては、ダンベルではグリップとダンベルの重心がほぼ同じ場所となることで、十分な負荷を各運動の主働筋群に与えることができません。たとえば工具であるハンマーあるいはカナヅチなど、グリップの先に重りとなるものがついているものが適切ではありますが、それら工具の設計された目的とは違う使い方をすることから、段階的な負荷の変化をどうコントロールするかが非常に難しいと感じています。私の場合は、折れて使えなくなった木製バットのグリップと1kgのプレートを用いて器具を自作し、グリップの長さを変えることによって負荷を調節しています（写真4-56）。

立位での橈屈

立位、肘伸展にて、ハンマーの重りを前にして持ち、反対側の手で肘を固定する。その状態から手首を橈屈させ（写真4-57-a）、その3倍の時間をかけて元の位置に戻す（写真4-57-b）[21]。15回を2セット。

写真 4-56

立位での尺屈

　立位、肘伸展にて、ハンマーの重りを後ろにして持ち、反対側の手で肘を固定する。その状態から手首を尺屈させ（写真 4-58-a）、その 3 倍の時間をかけて元の位置に戻す（写真 4-58-b）[21]。15 回を 2 セット。

立位での回内・回外

　立位、肘屈曲、前腕回外の状態で重りを外側（親指側）にしてハンマーを持ち、ゆっくりと回内（写真 4-59-a）、回外（写真 4-59-b）を行う[21]。10 往復を 2 セット。

フリーウェイト以外の負荷

　ハンマーの代わりにセラバンド社の Therabar™ など太いゴムの棒状の器具を振ることで P.61 のボディブレードを用いたエクササイズと同様の効果を前腕の筋群が発揮します（写真 4-60-a・b・c・d・e）。

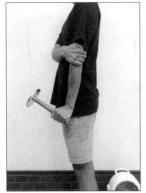

写真 4-57-a

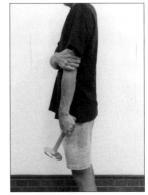

写真 4-57-b

写真 4-58-a

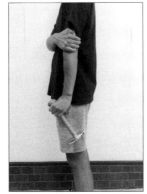

写真 4-58-b

写真 4-59-a

写真 4-59-b

写真 4-60- a

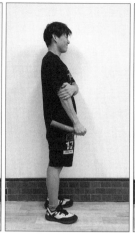
写真 4-60- b

写真 4-60- c

写真 4-60- d

写真 4-60- d

[参考文献]

1) Hardy, C.J., & Crace, R.K. (1990). Dealing with injury. Sport Psychology Training Bulletin, 1, 1-8.

2) Ievleva, L., & Orlick, T. (1991). Mental links to enhanced healing: An exploratory study. The Sport Psychologist, 5 (1), 25-40.

3) Ievleva, L., & Orlick, T. (1999). Mental paths to enhanced recovery from a sports injury. In D. Pargman (Ed.), Psychological bases of sport injuries (pp. 199-220). Morgantown, WV: Fitness Information Technology.

4) Fernandes, H,M,. Reis, V,M., Vilaça-Alves, J. et, al. (2014). Social support and sport injury recovery: An overview of empirical findings and practical implications. Revista de Psicología del Deporte. 23 (2), 445-449

5) Bleakley, C,M., Glasgow, P. & MacAuley, D,C. (2011). PRICE needs updating, should we call POLICE? British Journal of Sports Medicine, 46 (4), 220-221

6) 鶴池政明ほか：損傷した腱・靭帯の治癒過程、大阪体育大学紀要 2001; 149-157

7) Järvinen TA, Järvinen TL, Kääriäinen M, et al. (2005). Muscle injuries: biology and treatment. Am J Sports Med. 33 (5): 745-64.

8) Loghmani, M.T., & Warden, S.J. (2009). Instrument-Assisted cross-fiber massage accelerates knee ligament healing. Journal of Orthopaedic & Sports Physical Therapy, 39 (7), 506-514

9) Brown LP, Niehues SL, Harrah A, et al: Upper extremity range of motion and isokinetic strength of the internal and external shoulder rotations in major league baseball players. American Journal of Sports Medicine 16: 577-85, 1988

10) Johnson L: Patterns of shoulder flexibility among collegiate baseball players. Journal of Athletic Training 27: 44-49, 1992

11) Bigliani LU, Codd TP, Connor PM, et al: Shoulder motion and laxity in the professional baseball player. American Jouranl of Sports Medicine 25: 609-13, 1997

12) DiGivine NM, Jobe FW, Pink M, et al: An Electromyographic analysis of upper extremity in pitching. Journal of Shoulder Elbow Surgery 1: 15-24, 1992

13) Fleisig GS, et al: Kinetics of baseball pitching with implications about injury mechanisms. American Journal of Sports Medicine 1995; 23 (2): 233-239

14) Arlotta M, LoVasco G and McLean L: Selective recruitment of the lower fibers of the trapezius muscle, Journal of Electromyography and Kinesiology 2011; 21 (3): 403-410

15) Panse R, et al: Effects of Blackburn exercises in shoulder impingement on pain and disability in rock climbers. International Journal of Physical Education, Sports and Health 2018; 5 (6): 19-21

16) Lephart SM, and Fu FH: Proprioception and Neuromuscular Control in Joint Stability Human Kinetics 2000, 405-407

17) Knott M, Voss D: Proprioceptive Neuromuscular Facilitation. Hoeber Medical Division of Harper & Row, 1968, 84-85.

18) Wilk KE, Voight ML, Kerris MA et al: Stretch Shortening drills for the upper extremity: Theory and clinical application. Journal of Orthopedic Sports Physical Therapy 17:1993 225-39

19) Prentice WE: Rehabilitation Techniques in Sports Medicine, WCB/McGraw-Hill, 1999

20) Baechle TR and Earle RW: Essentials of Strength Training and Conditioning, Human Kinetics 2010

21) Jobe FW, Pink M, Screner PM and Schwegler: Centinela Hospital's Shoulder and Arm Exercises for Athletes who Throw Endorsed by Chan Ho Park, Los Angeles Dodgers, Champion Press 1999

キャッチボール再開にあたって

スローイングプログラムの進め方

　第4章で紹介したエクササイズを開始して一定の期間（それぞれの外傷によって決められたノースローの期間）を経て、それらのエクササイズを目標の負荷（選手の年齢、体格などで異なります）で、かつフォームを崩さずに行えるようになった時点より、いよいよ実際に「ボールを投げる」訓練が始まります。主治医の先生から「投げていいよ」という言葉を聞くと、チームでの練習でルーティーンとして行われている「キャッチボール」をイメージされるかもしれませんが（コラム記事参照）、そのキャッチボールに至るまでに、いくつかこなしておかなければならない段階があります。

　第1章で話した通り、投球ではその腕の振りが、速いスピードで行われることによって肩や肘に大きなストレスがかかります。この段階をおろそかにして一足飛びにキャッチボールに移ってしまうことは、再受傷へのリスクを高めてしまう危険な行為といっても過言ではないと私自身は考えています。競技復帰を焦らず、一歩一歩着実に取り組んでいただきたいと思います。

大きなボールを用いてのプレ・スローイングプログラム

ウォールドリブル

　第1章で紹介したワインドアップ、初期コッキング、後期コッキング、アクセラレーション（加速）、フォロースルーの投球動作各フェー

ズのうち、後期コッキングでは肩の関節は上腕を後方に捻じる、外旋と呼ばれる運動が強制され、最大外旋まで到達すると今度は逆の内旋運動が開始され、ボールを加速させます[1]。時速140kmのボールを投げる際は、このアクセラレーション期における肩関節内旋の角速度は1秒あたり6000°から7200°に達し、肩の最大外旋からボールをリリースするまでにかかる時間はわずか0.02秒であるといわれています[2)3)]。実際にボールを投げるとき、後期コッキング期に発生する他動的な最大外旋からアクセラレーション期に発生する自動的な内旋への切り替わりのタイミングで、肩関節前面にある組織に大きなストレスが発生します。そのストレスを再現し、適応するために一人でできる訓練としてウォールドリブルは有効です。

　壁に向かって立ち、ボールを壁に向かってドリブルさせます。初めは自分の投げる角度から（写真5-1）、徐々に肩の外転（写真5-2）、内転（写真5-3）を繰り返しながらドリブルします。バレーボールなどの軽いボールを用いて行うのであれば、野球のボールを用いてのスローイングプログラムの前に行い、その目的は肩甲下筋をはじめ肩関節前方不安定性をコントロールする筋群を活性化させることです。対して、1kgの

写真 5-1　　　　　写真 5-2　　　　　写真 5-3

メディスンボールなど重たいボールを用いて行うのであれば、目的は肩関節前方不安定性をコントロールする筋群のプライオメトリクス（遠心性収縮から求心性収縮への切り替え）的な強化となるため、野球のボールを用いたスローイングの後に行うことをお勧めします。また、この訓練で肩に痛みや違和感があれば、まだ肩周囲の筋群の能力が不足しているとも判断できます。

メディスンボールスラム

　投げ動作における体幹・下半身から地面への力の伝達の訓練としてメディスンボールスラム（Slam：叩きつけ）を行います。壁から3〜5m程度離れて壁を向いて立ち、右投げなら左足を前、右足を後ろにしたスタンスで立ち、両手を用いて頭上から2〜3m先の地面にボールを投げ下ろし（写真5-4）、地面に叩きつけます。

　次は実際の投球側とは反対側（右投げの選手であれば左投げ）での投げ下ろし（写真5-5）を経た後に、実際の投球側での投げ下ろし（写真5-6）を行います。

　それぞれ10球ずつを2セット、1セット目は3kgで、2セット目は

写真 5-4　　　　　　写真 5-5　　　　　　写真 5-6

1kgで行います。2セット目を軽いボールにする理由は、1セット目より速い腕の振りを起こさせるためで、肩・肘周辺の筋群にかかる負荷の大きさよりも、腕の振りの速さによる影響を確認するためでもあります。前述したウォールドリブルと同じく、この訓練で肩や肘に痛みや違和感があれば、まだ肩や肘の周囲筋群の能力が不足しているとも判断できます。

実際の野球ボールを用いたプレ・スローイングプログラム

ソックスロー

　主観的ではありますが、投げの力加減を到達距離に関係なく確認できる方法としてソックスローがあります。膝の高さまであるハイソックスにボールを入れ（写真5-7）、そのソックスに腕を通し先端のボールを握り、手首と肘をテーピングで締め付けたうえで実際の投球動作を行う訓練です（写真5-8）。ソックスの中で実際にボールを放しますが、ボールはソックス先端を押し出すことで投球側の上肢全体に遠心力の負荷がかかります。この遠心力は実際にボールを投げるときよりも大きな負荷となる（実際の投球ではボールはそのまま指から離れ、上肢を牽引す

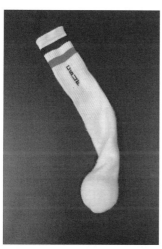

写真 5-7

写真 5-8

写真 5-9

る力にはならない）ため、フォロースルー期に負荷のかかる棘下筋・小円筋をはじめ投球側の広背筋[4]、あるいは非投球側の殿筋群から下肢にいたるまでの神経−筋協調や筋力強化の訓練となります。

　前述した2種目と同じく、この訓練で肩や肘に痛みや違和感があれば、まだ肩や肘の周囲筋群の能力が不足しているとも判断できます。

膝立ちからのスローイング

　コッキング時の肘への過大な外反トルクは、骨盤部、上部体幹の回旋、そして肩関節の急激な外旋によってもたらされる[5]ことを踏まえ、実際のキャッチボールに入る前に、体幹の回旋や後ろ脚から前脚への体重移動などを可能な限り制限して、上肢の運動だけでボールを投げる訓練を行います。

　5mほど離れたネット（あるいは練習相手）に正対して膝立ちになります。そのときに股関節は屈曲させず伸ばしたままの状態を保つよう意識させるようにしてください。その姿勢からボールを投げるのですが、腕の振りはあくまでも頭の上から前の範囲とし、ボールを身体よりも後ろに持っていかないように注意します（写真5-9）。

「投げていい」の解釈

　私は以前、お手伝いしている中学硬式野球チームで選手、コーチ、そして私たち医療関係者とそれぞれ違う立場での「投げていい」の解釈の違いで、本来起きずに済んだ投球外傷を発生させてしまった経験があります。

　当時中学2年生のA君は、2週間前の練習で肘に違和感があったため、自宅近くの整形外科を受診、4週間の投球禁止と宣言されてしまいました。その次の週末の練習が始まる前にそれを私に報告、選手がその診断に納得していなかったこともあり、私自身が再評価したうえ、チームや私と連携を取っていただいている別の病院に紹介し、セカンドオピニオンをいただくことにしました。結果は最初の医師の診断とは違い、次の週末でノースロー期間が2週間に達するので、適切なスローイングプログラムを開始してもいい、という意味で「投げていい」との言葉をいただきました。そして迎えた週末、土曜日の練習開始時にあるコーチから「A選手は投げていいのですか？」と聞かれたときに、私が管理するスローイングプログラムでなら「投げていい」という意味で「投げていい、と診断されました」と答え、ウォームアップの指導やA君とは違う学年のトレーニング指導などの後に、A君と個別のスローイングプログラムを行おうとA君を探すと、ちょうどブルペンから出てくるA君の姿が見えました。僕の「投げられる」を聞いたコーチの一人がブルペン投球をさせた結果、同じ部位を再受傷していました。

　選手あるいはコーチにとっての「投げていい」はいわゆる Full Go（制限なしの投球可）という意味で、さらに投手であれば「投げていい」はピッチングを意味することを知らなかったわけではなく、A選手やコーチ陣に「牛島とのプログラムでだけ投げることができる」という意味であることの伝達を徹底していなかった私のコミュニケーションミスで、そこから12週以上のノースローという最初の医師の診断よりはるかに長い道のりを経て復帰させることになりました。その選手は中学3年の春に完全復帰し、本人の希望する高校に進学、そこで十分に野球をやりきった今となったからこそ、こうした反省を公開できるのですが、この件は私のキャリアにとっては今も非常に大きな傷跡であり、二度とこのようなことを起こしてはならない、と以後チーム内での負傷者の情報の共有や伝達には細心の注意を払うようになりました。

理想の投球フォームとは？

　P.70、72のメディスンボールスラムや、膝立ちからのスローイングを週3回（間に必ずそれらをしない日を挟んで）問題なく行えるようであれば、実際にグラウンドに出て全身を使ってのキャッチボールに入るのですが、その際に肩や肘にストレスのかかりにくい投げ方の習慣づけを行うようにします。負傷からここまでのリハビリテーションにおいて、選手の意識は「復帰」であり、スローイングも、ケガをする前の状態に戻る、というイメージを持っていることがほとんどです。しかしながら、この段階にたどり着くまでに、外傷によっては半年あるいは1年という期間が経っており、選手たちは口々に「自分の身体じゃないみたい」と自身の投球のイメージと実際に行われる動作との違いを口にします。全身を使った投球動作に対しての神経−筋の協調を再獲得しなければならないこの段階だからこそ、ケガを防ぐことにつながる動作の訓練を行うことができるといえます。

　さて、過日縁あって出席させていただいた「野球に携わる医師のネットワーク」による第3回野球障害予防懇話会において発表された会員医師によるアンケート結果[6]では、80％の医師が投球制限に賛成、20％の医師が反対あるいは無回答という結果でしたが、その自由記述欄において、投球制限賛成派、否定派どちらからも「正しいフォームを身につけていれば故障は防げるのでは」という意見がありました。もちろん、全投球を「正しいフォーム」で投げることは難しく、精神的なストレスや身体的な疲労によって動作が変化してしまうことを懸念するべきだとも記されていました。

ボールを前で放す、とは？

　ではここでいう「正しいフォーム」とは何なのか、第1章「投球動作と肩・肘にかかる負担」で述べたように、後期コッキング期での他動的な肩関節の外旋、そしてアクセラレーション（加速）期における肘関節の外反において、関節安定化に働く関節包あるいは靱帯などにかかるストレスが、それらの本来持つ強度を超えることで損傷が発生していま

す。とくに肘の外反についてRettigらは、アクセラレーション期の骨盤部、上部体幹の回旋、肩関節の急激な外旋によってもたらされる、と報告しています[7]。

またDiGiovineらによる筋電図（EMG）での計測でも、このアクセラレーション期に、肩関節では肩甲下筋において、前腕では橈側・尺側の両手根屈筋において、徒手筋力検査時に測定した最大値を超える筋放電が発生していることもわかっています[8]。

したがって、肩・肘に最も負荷がかかるアクセラレーション期までに可能な限り骨盤部や上部体幹の回旋を終わらせ「上体がキャッチャーと正対した状態で、できるだけ（上体より）前でボールを放す」ことがケガを防ぐうえで重要だと、私自身は解釈しています。コントロールをよくする、あるいはボールが指を放れてから打者までの距離が（ほんのわずかであっても）短くなり球が速く感じられることに加えて、「前で放す」は外傷を防ぐ技術としても有効です。ただ、どの技術でもそうですが、単に「ボールを前で放せ」というアドバイスだけでは伝わりませんので、結果としてそうなるような仕掛け（スローイングドリル）が必要となります。

ボールを前で放すためのスローイングドリル
後ろ歩き投げ

その名の通り、後ろ歩きしながらボールを投げることで、ボールを身体より前で放すことを意識できるようになります。この際注意することは、胸を張って背筋を伸ばし、腕の振りだけでボールを投げること（写真5-10）で、背中を丸めてしまわないよう（写真5-11）気をつけてください。慣れないうちはグローブから上にボールを持ち上げて（写真5-12）、元に戻す動作で投げる、から始めるのがよいかもしれません。慣れてくれば、右投げなら右足が地面についているタイミングでボールを放すようにしましょう（理由は後述します）。後ろ歩きを始めたポイント（相手あるいはネットから10mくらいまでの距離）まで戻って、同じ距離で繰り返すようにしましょう。

写真 5-10　　　　　　写真 5-11　　　　　　写真 5-12

外（フォーム）からは見えないポイント

　日本語ではピッチングでも、あるいはバッティングや、ランニングでも「フォーム（form：形・形状）」といいますが、英語圏の野球の指導者たちは、機構、構造を意味する「メカニクス（mechanics）」という言葉を用います。このメカニクスには力学という意味（バイオメカニクス：生体力学のように）も含まれており、いつ、どこに、どれだけの力を込めるか、といった力加減も含んだ言葉でもあります。

上肢（腕）の力を抜く

　投球動作では腕を「振る」といいますが、この腕を「振る」際にはあるポイントから先の上肢の力が抜けた状態でないとうまく振ることができません。写真5-13のように指をストラップに通して、ストップウォッチを振り回す動作では、ストラップが軟らかい素材でしなやかに動くから振り回せますが、もしストラップを穴の開いた金属板のような硬いも

のに置き換えれば非常に振り回しにくくなります。また、ストップウォッチを速く回したければ、ストラップに通した指の動きを小さくしていく必要があります。さらにストップウォッチがきわめて速いスピードで回転する際には、軸になっている指がほぼ止まって見えるのはイメージができると思います。ここでのストップウォッチがボールで、ストラップが上肢（腕）、そしてストラップに通した指が上肢以外の身体というわけです。

写真 5-13

　以前個人トレーナーとして一緒に仕事をさせていただいた、ある年間タイトルを獲得したこともあるプロ野球の投手がこんなことをいっていました。「身体が走ってしまえば、腕は走らん」。どういうことかというと、腕を振る（走らせる）ためには腕以外の身体は止まっていなければいけない、という意味であり、その選手が大学時代、球速がそれまでの130km/h台から150km/hを超えるまで伸びた際に、恩師から受けたアドバイスだそうで、上記のストップウォッチと指の関係ともつながります。

「腕を走らせる」ための身体の使い方

　ではその「身体が走ってしまわない」ようにするにはどうするのか、MacWilliamsらの行った投球動作解析では、ボールリリース時の手首の速度と関係するのは、リリースポイントの高さ、後ろ脚による蹴りの強さ、前脚によるキャッチャー方向への突っ張りの３点のみであり、体幹の回旋や屈曲などはほとんど関与していないことがわかりました[9]。球速140km/hを超える投手の後ろ脚はプレートを後ろ（二塁方向）に体

重の35%の力で押し（下方向へは体重の100%）、踏み込み足はキャッチャー方向に体重の72%の力（下方向へは体重の150%）で並進運動を止めている。その反作用が上肢に伝わることで、腕を振る力となりボールを加速させているというのです。

　P.75の後ろ歩き投げの説明の中で、投球側と同側の足が接地しているタイミングでボールを放せるように試してみましょうといったのは、この作用を利用するためです。

上腕の力を抜き、腕を走らせるためのスローイングドリル　その1
ロボット投げ

　相手あるいはネットに10mほどの距離で正対し、「気をつけ」の姿勢から投球側の足と手を同時に挙上（肩関節と股関節の屈曲）させ（写真5-14）、勢いをつけて元の位置に戻す。足は踵が地面を蹴ったところで止まりますが、腕はそのまま下から後ろ回りで1周しようとしますので、頭上から身体の前に来るタイミングでボールを放します。足が戻った勢いで反対側の足が上がるほど思い切り腕を振れれば腕の力が抜けているとわかります（写真5-15）。また相手を座らせる、あるいはネットの低いところに投げようとすることで、より前でボールを放す訓練にもなります。

上腕の力を抜き、腕を走らせるためのスローイングドリル　その2
やじろべえ投げ

　ロボット投げと同じく、相手あるいはネットに10mほどの距離で正対し、「気をつけ」の姿勢から投球側の足と手を同時に挙上（肩関節と股関節の屈曲）させ、勢いをつけて元の位置に戻しますが、この際、そのつま先を相手の方向ではなく、ボールを投げる方向から90°、もしプレートがあるとしたら、そのプレートと平行になるように足を戻し（写真5-16）、身体全体を右投げの場合は右に向けます。そして軸足は膝を伸ばしたままの片足立ちで、股関節を外転（上体を相手あるいはネットとは反対側に倒し）させますが、このとき腕の力が抜けていれば、ボールは重力で真下を向き、後ろ方向に傾いた上体から見ると、肩関節は30°ほど開いた（外転した）状態になります。そのやじろべえのような

写真 5-14   写真 5-15   写真 5-16

姿勢から踏み込み、足を接地させボールを投げます。これも同じく相手を座らせる、あるいはネットの低いところに投げようとすることで、より前でボールを放す訓練にもなります。

迷ったときのためにも

　過日、大阪で小学生高学年向けに「ケガを防ぐための投げ方、捕り方」を週1回、90分の教室を1カ月間開きました。本書で紹介しているドリルはもちろん、より「相手に正対し、ボールを前で放す」ための3人で行うドリルなども紹介しましたが、小学生の野球の過密した試合日程のせいなのか、それとも普段気軽にキャッチボールができる環境がないからなのか、基本的な動作があまりマスターできていない印象を持ちました。

　普段、我々アスレティックトレーナーやセラピストの立場では「投げ方」を指導するのには抵抗があり、また選手の側にも「（投げ方を）いじられたくない」という気持ちもあります。ただ、故障を経験した選手

は別で、二度と同じケガをしたくない、という思いのもと、なぜそのようなケガが起きたのかを理解し、ボールを前で放すことのメリットが理解できれば、復帰の目標は「元の投げ方ができるようになる」から「新しい投げ方をマスターして負傷前よりよい状態になる」に変わってゆきます。基本的には投げ方について私からは「ここをこうしなさい、あそこをこうしなさい」という具体的な指示は出しませんが、これらのドリルをやるには必然的に相手に正対し、ボールを前で放さなければなりません。まずはそれでキャッチボールに入ってゆき、距離を伸ばしていく過程、あるいはもっと力を込めていく過程で、選手の望む投げ方に近づけることができればいいのではないか、もし選手が迷ったときは、これらのドリルを再度行うことで、目指す方向を見つけることができるのではと考えています。

投げない日を挟む

　後ろ歩き投げ、ロボット投げ、やじろべえ投げと、距離10mでのスローイングから、塁間の半分程度の距離（13.5〜15m）まで下がってのキャッチボール、18m、22mというように距離を取っていきます。私が

表 5-1

距離	第1週	第2週	第3週	第4週	第5週
後ろ歩き投げ・ロボット投げ・やじろべえ投げ	各10	各10	各10	各10	各10
13.7m（塁間の半分）	15	15	15	10	10
18.4m（投手板－本塁間）	10	5	5	10	10
22.5m		5	5	5	5
27.4m（塁間）			5	5	5
32m				5	5
36.8m（本塁－二塁間）					5
18.4m			10	10	10

お手伝いしている中学硬式野球のチームは土曜、日曜、祝日のみの活動ということもあり、捕手〜二塁までの距離（約37m）に到達するまでは原則的には連投はさせないようにしています。土曜に投げた場合は日曜は投げない、月曜が祝日で3日間練習が続く場合は、土曜と月曜に投げるようにし、必ず間に1日投げない日を挟むようにしています。

　また平日に兄弟や保護者とキャッチボールを行う場合は、その前の土曜に投げた距離までに留め、こちらも連投にならないようにと指示を出しています。仮に土曜に私の監視下でキャッチボールを行い、火曜・木曜と父親とキャッチボールをした場合でも、距離を伸ばすのはあくまでもチームのアスレティックトレーナーである私が見ているとき、と決めています。ここまでの段階の距離と球数は原則的には表5-1の通りです。

軸足の使い方

　さて、中学生年代は学齢によって体格や体力の個人差も大きく、1年生では塁間（27.4m）を超えたあたりから全身を使った投球が必要になることも珍しくありません。この「全身を使う」という表現では選手に

写真 5-17

写真 5-18

とって理解しづらいところもあるため、このケガからの復帰の段階では「これから投げようとする相手の身長の倍以上の高さにグローブを一度置き（写真5-17）、そのグローブとボールを入れ替える（写真5-18）」ようにと指示することがあります。その際ですが、P.78の「やじろべえ投げ」の要領で軸足側の股関節を外転（投げようとする方向とは反対側に身体を倒す）させ、肩関節まわりの筋群に余計な力が入らないようにすることと、距離を取ったときのボールの軌道を意識させます。

　ここまで読まれた方は、私が執拗なまでにワインドアップ期からコッキング初期における軸脚への力のかけ方にこだわっているように思われるかもしれません。選手が立つその位置からボールを受ける相手側への並進運動は軸脚から起こり、その並進運動で踏み込み脚への体重移動を行っています。確かに踏み込み脚（前脚）が並進運動を止めようとする際にかかる外力の反作用は、肩関節が最大外旋まで運動させられる大きな要因ともなってもいます[9]。しかしながら、投球という運動連鎖の起点となる軸足の使い方は、そのあとにつながる運動を決定づける要素でもあり、ここが上手に使えないと、そのあとに起こる肩の内旋、そして肘の伸展は、それぞれ角速度6000～7200°/秒、4300°/秒と非常に高速で[2][3]、そのような速い動きを意識的に修正することよりも、そこにつながる前段階の動作を改善するほうが、はるかに簡単なのではないかと考えています。

腕は「動かされ」る

　P.77で紹介したMacWilliamsらによるプロの投手を被検者に、マーカーとフォースプレートを用いて行った投球動作分析（1998）[9]をもとに、順を追って具体的に写真を用いて説明します。

　コッキングの初期、片脚立ちになった時点で、軸脚（後ろ足）には下方向へ体重の100％の力がかかり、その後並進運動の開始とともに、後ろ方向（投手から二塁への方向）には体重の35％の力がかかります（写真5-19）。そのあと起こる踏み込み脚（前足）の接地では、並進運動を止めるために前方向（投手から捕手の方向）へは体重の70％の力が、そして下方向へは体重の150％の力が発生し（写真5-20）、その2

写真 5-19

コッキング初期
- 肩関節外転→外旋（自動）
- 右股関節外転
  - Hip Firstと言われる動作
  - 「タメ」は内転筋で感じる

Push-off
体重の35%（後方向）
体重の100%（下方向）
（McWilliams et, al 1998）

写真 5-20

コッキング初期→後期
- 肩関節外旋（自動→他動）
- 踏みこみ脚の接地で切り替わる

Push-off
体重の35%（後方向）
体重の100%（下方向）

つの力の合力（斜め前方下方向）の力と同じだけの反作用が、踏み込み脚の足底から投球側肩関節方向にかかります（写真 5-21）。これによってそれまでの自動運動での肩関節外旋が、他動的な運動に切り替わり、最大外旋位まで「動かされ」ます（写真 5-22）。そして他動的な運動で最大外旋させられた肩関節、とくに内旋に働く筋群が最大伸長させられたことをきっかけに遠心性収縮から求心性収縮に切り替わり、アクセラレーションを経てボールリリースに至る間、下肢から体幹までの身体の並進運動を止め、そのエネルギーを上肢の振りにつないでいます。P.77の「腕を走らせる」という言葉の意味がおわかりいただけると思

Push-off
体重の35%（後方向）
体重の100%（下方向）

Landing
体重の70%（前方向）
体重の150%（下方向）
（McWilliams et, al
1998）
赤：地面からの反作用

写真 5-21

加速期
関節角速度
　肩：6000-7200deg/sec
　肘：4500-deg/sec
(Azar et al., 2000 : Fleisig et al.,1995)

Landing
体重の70%（前方向）
体重の150%（下方向）

写真 5-22

います（写真5-23）。

観察するポイント

　私はこれら一連の動作は、「軸脚（前足）の地面を踏む動作」が起点
となっていると考えています。ワインドアップで投げるときに、両腕を
挙上し「大きく振りかぶる」場合はその挙上動作の反動で、また両腕を
胸の前に止め、セットポジションから投げる場合は、右投げの選手で
あれば、その右足が地面を踏むことがきっかけで、運動の連鎖が始まり

加速期→ボールリリース
尺側側副靭帯へのストレス
290N（平均的強度：260N）
(Regan et al., 1991)

Landing
体重の70%（前方向）
体重の150%（下方向）

写真 5-23

写真 5-24

ます。

　その後に続く運動に問題があるとするなら、まずはここが問題なく行えているか、を観るようになりました。具体的には、非投球側の足を上げ、片脚立ちになった際に、身体が足底から頭頂まで地面から垂直に伸ばした直線上にあるかどうか、そして踏み込み脚が接地し、軸脚による片脚スクワットの姿勢になるまでの間、足底と頭頂が同じく垂直線上にあるか（写真5-24）を、注意して観るようになりました。

　ここまでの主に軸脚側の膝関節・股関節の屈曲から伸展、そしてまた屈曲、といった一連の動作の範囲でみられる問題点は、大きく分けて2

つあり、完全に片脚立ちになった際に背筋が丸まってしまうケース（1）、もうひとつは、そこから踏み込み脚（前足）が地面につくまでの間に上体が背中側に倒れてしまうケース（2）です。

（1）の「片脚立ちになった際に背筋が丸まってしまう（写真5-25）」のがなぜ問題なのか、についてはP.40に説明した通り、背筋が丸まった状態での肩関節外旋は、よい姿勢での外旋に比べてより肩関節前面の組織に負担がかかることが考えられるからです。この問題は、非投球側の足を上げようとした際に起こっている場合が多く、そのような選手には「軸足（の足の裏全体）でもっと強く地面を真下に押すように」と指示します。反対側の脚は、その軸足を強く地面に押した反動で勝手に上がるということが理解できるようになると、片脚立ちで足底から頭頂まで身体全体が垂直線上に並ぶようになります。

（2）の「軸足での片足立ちから踏み込み脚の接地までの間に上体が背中側に倒れてしまう（写真5-26）のは、片脚スクワット時に、足関節の背屈、股関節の屈曲のいずれか、あるいは両方が不足しているケースが多く、そのほとんどの場合、選手は足関節の底屈筋群や股関節の伸展筋群の働きが弱いため大腿部前面がきついと感じている、あるいはその大腿四頭筋が投球に必要な筋力だと思い込んでいる場合があります。こちらを矯正するには（1）のときのような意識の問題ではなく、正しいスクワット動作、とくに荷重時（Closed Kinetic Chain：CKC）における股関節の機能的動作を習得する必要があります。

上記（1）（2）のうち、とくに（2）のほうはうまくできないと、その後の動作が大きく変わってしまいます。上体が後傾（もたれた状態）のまま並進運動を続けると、踏み込み脚の接地するポイントが、プレートと捕手を結んだ線から、右投げの場合は三塁方向にずれたところに移り、いわゆる「クロスステップ」と呼ばれる状態になります。これは片脚スクワット動作が不安定なために起こる動作で、まだ肩の自動での外転や外旋が不十分な状態で、踏み込み脚からの反作用（地面反力）によって急遽他動的な運動に切り替えられてしまいます。もちろん、接地した両足の位置からそれぞれの股関節を内旋させ、上体を完全に捕手の方向に向けるのも難しくなりますので、ボールのリリースポイントを前に持ってくるのも難しくなり、肘の外反もより強制されてしまう、という

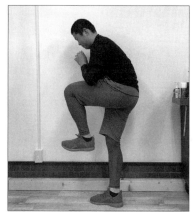

写真 5-25

写真 5-26

矯正前　　　　　　　　　　　　　矯正後

写真 5-27

ように負の連鎖の原因ともいえるのではないでしょうか。

　写真 5-27 は、それを矯正できた選手のそれぞれコッキング後期から
アクセラレーションに入る際の軸脚股関節が最大内旋した状態で静止し
た画像で、左が矯正前、右が矯正後です。クロスステップでは肩関節の
外旋がさらに強制されていることがわかると思います。

前脚の「使われ方」

　ダイアモンドの対角線、捕手－二塁の距離、36.8mを投げられるようになると、私が普段関わっている中学生のレベルであれば、外野からのバックホーム送球時に内野手の中継があれば、ほぼすべての守備練習に参加できますし、以前私が勤務していたMLB球団では投手のブルペン投球も、回復のレベルによってはこの段階から徐々に開始するケースもありました。私の現場、中学硬式野球のレベルでは、この36.8mを投げられるようになったのを確認してから、連投の訓練を開始しています（表5-2）。

　さて、このように距離が延び、投げる頻度が高まってくるにつれ、選手はより「強い」ボールを投げようとし始めます。ここまでも記述していますが、ボールリリース時の手首の速度と関係するのは、リリースポイントの高さ、後ろ脚による蹴りの強さ、前脚によるキャッチャー方向への突っ張りの3点のみで、リリースポイントの高さは選手の身長と腕の長さで決まってしまいます[9]。後ろ脚による蹴りを有効に使えるようにするポイントをP.81で記述しましたので、ここでは前脚の「使われ

表5-2　連投のプログラム

距離	第1週		第2週	
	土曜日	日曜日	土曜日	日曜日
後ろ歩き投げ・ロボット投げ・やじろべえ投げ	各10	各10	各10	各10
13.7m（塁間の半分）	10	10	10	10
18.4m（投手板－本塁間）	10	5	10	10
22.5m	5	5	5	5
27.4m（塁間）	5	5	5	5
32m	5		5	5
36.8m（本塁－二塁間）	5		5	5
18.4m	10	15	10	10

Push-off
体重の35%(後方向)
体重の100%(下方向)

Landing
体重の70%(前方向)
体重の150%(下方向)
(McWilliams et, al
1998)
赤：地面からの反作用

写真 5-28

方」について話を進めていきたいと思います。

　コッキング前期の並進運動を止めるため、前脚（踏み込み脚）の接地
では前方向（投手から捕手の方向）へは体重の70％の力が、そして下
方向へは体重の150％の力が発生し、その合力の反作用が肩に働き、肩
関節外旋が自動運動から他動運動に切り替わりコッキング後期に入るき
っかけとなる（写真5-28）と、ここまで説明してきました。ところが、
とくに日本国内においては、選手あるいは指導者たちは前脚を「ボール
をさらに加速させるため」に使うための方法を模索しているようなので
す。具体的には、接地してスパイクの歯で地面をつかんだ前脚をプレー
ト方向へ強く「引く」、そして前脚側股関節に「体重を乗せる」といっ
た具合です。この意識づけ（写真5-29）だとアクセラレーションの肩
関節内旋を前脚の「引き」が補助し、よりボールの加速が効率化される
ようにも思えるのですが、その「引き」に耐えうる前脚側のハムスト
リングスの筋力が必要なだけでなく、その影響で上体が前屈を強制される
ことによって、肩関節がより外旋、肘関節がより外反した状態でボール
リリースが行われる（ボールを放すポイントが身体より後ろになる）リ
スクが伴うのでは、と考えられます。

　この「前脚を引く」ことで球速につなげようと試みた際、前脚側のハ
ムストリングスの肉離れと屈曲型の腰痛に悩まされ、思ったほど球速が
伸びなかった、と教えてくれた投手も私のクライアントの中にいます。

加速期
関節角速度
　肩：6000-7200deg/sec
　肘：4500-deg/sec
(Azar et al., 2000 ; Fleisig et al.,1995)

Landing
体重の70%（前方向）
体重の150%（下方向）

写真 5-29

後ろ脚でプレートを押し、前脚が接地した後もさらにその下肢の「引き」で身体全体を捕手側に向ける力を加える、一見合理的に聞こえるかもしれませんが、軸となるはずの「身体が走って」しまうことで、腕を「振る」動作にとってはマイナスの影響が発生する可能性も、P.77のストップウォッチのストラップと指の例でおわかりいただけるかと思います。

日米の投手における動作の分析

　P.77の球速に直接関係する３つの要素を発見したMacWilliamsらの行った投球動作解析[9]から20年が経とうとしているのですが、リリースポイントの高さ以外の要因については、解析の結果、後ろ脚での蹴りが強い選手のほうが多数派だったというだけで、前脚（後ろに「引く」動作についてはそこでは触れられていませんでしたが…）、後ろ脚のいずれか片方が球速とより強い相関を示していたわけでもないうえに、選手や指導者の方々からは「そうはいっても、それは米国での、プロのレベルの投手の動作解析の結果ですよね」といった具合に、現場が簡単に「右向け右」とはなりませんでした（もしそうなら違う意味で心配になります）。私の選手としての野球経験がないという背景をはじめ、コミュニケーション能力の問題もあったのだとは思います。

携わっている中学硬式野球チームの現場でも、新入団の1年生にほぼひと月かけて、本書で紹介していないものも含め数多くの後ろ脚の蹴りを有効化するドリルを指導したこともあれば、指導者が代わって一部が全体練習に、残りの多くは負傷者のリハビリテーションでしかそれを行わなくなる、を繰り返してきました。確かに、多くの指導者の方々が指摘される通り、米国人の投手、とくにMLBといった最高峰の競技レベルでは、異端児の中の異端児ともいえる選手たちがしのぎを削っており、日本の中学生や高校生に落とし込むところは、なかなか見つけにくいのかもしれないだろうことは私にも想像がつきます。そして日米の投手の間で何が具体的に違うのか、という点においても、科学的な批評に耐えうるエビデンスにはこれまで恵まれてきませんでした。

　そんな中、これまでさまざまな文献を参考にさせていただいてきたFleisig博士らの研究グループが、なんとこの度日本における投球障害の第一人者、信原克哉医師らのグループとともに、それぞれの国のプロの野球選手の投球動作分析を行い、比較検証した結果を発表されました。それがOiらの研究[10]です。序文で投手の前脚の使い方についての日米の違いに触れています。米国の投手は前脚を後に続く体幹の回旋の軸として用いるために膝を伸展させて固定するように指導を受けているのに対し、日本の投手は身体の重心を下げ、体幹部を屈曲させて前脚に近づけるため、ボールリリースまで膝は屈曲を保つよう指導を受けているとし、前脚の膝関節の屈曲角度の違いも仮説に含めています。日米それぞれ年齢が近い19人ずつ、合計38人のプロ投手の動作を分析した結果は、米国の投手が平均して高い球速を示し、日本人の投手は肩関節の水平内転トルクと、ストライド（歩幅）、ボールリリース時の肩の外転角度、同じくボールリリース時の前脚の膝屈曲角度が平均して米国人投手より大きいことが、また米国人の投手では肘の外反トルクが日本人投手より大きいことがわかった、とあります[10]。

　日本の投手がストライド（歩幅）を広くし、前脚の膝を屈曲させて身体を沈ませ、さらに体幹を前屈させることで、肩関節における水平屈曲トルクが大きくならざるを得ないのは、実際に投球を行うマウンドの硬さが米国と日本で異なることがひとつの要因としてあるかもしれません。動作分析の際には日米で環境を同じに設定できても、それまで技術

を身につけてきた場所に適応した結果が、違いを生み出しているとも考えられます。

　もちろん体格的に恵まれない日本人投手が米国人投手と同じことをしていたら、彼らを超えられない結果しか出ないと考えるのも当然で、体格に恵まれた選手と実力で肩を並べるためには外傷のリスクがあるのを承知で、相手がやっていない技術的な挑戦をする必要もあるでしょう。しかしながら、球速というのはピッチングを構成する要素のひとつでしかなく、コントロールや配球など、その他のさまざまな要素を磨いて補う方法もあります。選手はもちろん、支える側の我々も「スピードガンコンテスト」の結果に安易に左右されないように気をつけたいものです。

復帰の際の注意点

　それらを踏まえて、外傷からの復帰の際のキャッチボールにおいては、まずは後ろ脚の働きを最大限効率化し、それによって距離を伸ばす、あるいは投球の頻度を増やす。その後、2日連続36.8mの投球を2回（表5-2）行ってとくに問題がなければ、その翌週から練習前キャッチボールの距離を36.8ｍに制限した状態で、チームでの守備練習にフル参加させています。そこから4週間はキャッチボールの距離はそのまま、その次の4週間は10ｍ延長（投手の場合はブルペンでの本格的な投球の再開）といった具合にひと月で10ｍずつキャッチボールの距離を伸ばし、中学生であれば70ｍや80ｍの遠投距離を目指す、あるいはブルペンでの投球練習でより速い球を投げよう、という段階になってから前脚の使い方を考えても決して遅くはないのではないか、そして、それは投球動作を深く理解されている指導者の方と密接なコミュニケーションのもとで行われるべきである、と私自身は考えています。

スローイングプログラム前のルーティーン

　ここまで、連投へと移る過程を、練習日を土・日曜や祝日に設けている中学生の硬式野球の現場を想定して紹介しました。その前の連投でない時期も含めて、このスローイングプログラムを行ううえで必要となる

投球前、ならびに投球後のルーティーンについて説明したいと思います。これも、競技レベルの高い現場であっても、意外と実践あるいは理解されていないような印象があります。

　投球前は、基本的には投げるにあたって必要となる各関節の可動域を確保してあげる必要があります。ジョギングや自転車エルゴ、あるいはチーム全体での全身的なウォーミングアップで血流量を増やし、肩・前腕のストレッチングを行います。

　理由については後述しますが、アスレティックトレーナーあるいはセラピストによるマッサージなどを受けるのであれば、この投球前、可能であれば全身的なウォーミングアップの後のタイミングが理想です。負荷に対しての安定性が重要とされる肩関節に対して、非常に軽い負荷（Theraband™での黄色や赤色）でのチューブエクササイズをその後に挟み、回旋腱板に刺激を入れ、投球時に備える、という考え方もありますが、私はそこまでの必要はないと考えています。もし取り入れるのであれば、実際の投球時に肩・肘周囲の筋群が疲労を起こさない程度に抑えておくべきだと思います。

スローイングプログラム後のルーティーン

　投球動作、コッキング後期では前鋸筋、肩甲下筋が、アクセラレーション期において、肩では肩甲下筋、肘・前腕では円回内筋、橈側手根屈筋、尺側手根屈筋や浅指屈筋が、そしてボールをリリースした後の肩においては小円筋が、肘・前腕ではP.35で記述した3つの筋で最大筋力を超えるストレスがかかる[4]ことは第4章の「投球再開までの取り組み」でも記述しました。それらの筋群はスローイングプログラム後、筋力が十分発揮できる状態にはありません。紹介したダンベルやチューブを用いての肩・肘の筋力向上を目的としたエクササイズをこのタイミングで行えば、通常よりも軽い負荷でも過負荷となり、十分効果を発揮できます（写真5-30）。逆に投球前に過負荷を発生させてしまうと、実際の投球時に肩関節を安定させることが困難になってしまうばかりでなく、それらの筋群により深いダメージを与えてしまうことが予想できます。前述した強刺激のマッサージやストレッチは投球前に行うほうがよい、と

写真 5-30

写真 5-31

いう考えはこれが理由です。

　またこの理屈でいうと、たとえばピッチングを終えてからのクールダウンと称した距離を詰めながらの軽いキャッチボールも、おそらくマラソンなどの長距離ランナーが心拍数を急激に下げないようにクールダウンを入れるのをヒントに始まったものだと思われますが、リスクに対して効果はどれほどあるのかを考えると、あまり意味があるとは思えません（実際米国ではプロ・アマ問わず、国内でもほとんどのプロ球団では行われていません）。

　肩・肘まわりの筋群の訓練は、スローイングプログラム直後でなくてもかまいません。チームの練習のスケジュールでスローイング後のバッティングや捕球、あるいは走塁の練習など、投げを伴わない練習をすべて終えてからでもかまいません。日によって、チューブエクササイズの日、ダンベルエクササイズの日、とバラエティを持たせると飽きがくるのを防ぐことができます。そのあとに、投球で発生する肩・肘以外の疲労を軽減するために軽いランニングなど、全身的な循環向上を目的としたプログラムを挟み、必要であれば肩・肘へのアイシング（写真5-31）を行う、というのが私の考える理想的な投球後のルーティーンです。

　P.86の2日連続のスローイングプログラムを行う場合ですが、基本的には初日のスローイング後は肩・肘周囲の筋力強化は行わず、2日目の

スローイングプログラムの後に行うようにします。また、最低週2回、間に最低1日のリカバリー日を挟んでそれらのエクササイズを行う、週末のうち1日しかスローイングプログラムを行わなかった場合でも同じように火・水・木曜のいずれかに肩・肘の筋力強化を行い、完全復帰後もそれを習慣づけするのが理想です。

コラム

MLBでの実例

　私がMLB球団、タンパベイ・デビルレイズ（現タンパベイ・レイズ）に勤務していたのはもう15年近く前のことになりますが、今一緒に仕事をさせていただいているNPB選手の話を聞いても、投球障害予防や治療に関してまだまだ日米間で考え方に大きな違いがあると感じます。古い話ではありますが、なんらかの参考になればと思い、開陳します。

　ホームゲームがナイター（午後7時5分開始）の場合、本拠地球場、トロピカーナ・フィールドのクラブハウスはお昼12時半頃に開きます。最初に出勤してくるのはクラブハウスマネージャーかヘッドアスレティックトレーナーのロン・ポーターフィールド（現ロスアンゼルス・ドジャース医療コーディネーター・PBATS会長）。アスレティックトレーニングルームの準備を済ませると、メジャー契約で故障者リスト入りしている選手のリハビリテーションが始まります。試合に出場できる選手は遅くとも午後2時にはクラブハウスに入り、野手は個別にウォーミングアップやアスレティックトレーナー（ATC）によるマッサージやストレッチング、テーピングを受けた後、バッティングケージでの早出の特打ちやグラウンドでの個別の守備練習、その日の先発以外の投手はウェイトトレーニングルームでトレーニングに励んでいました。

ロン・ポーターフィールド（右）と筆者

　午後3時から4時半までホームチームがグラウンドに出てキャッチボー

ルから、BPと称してバッティング、守備、走塁とグループに分かれて
練習を、その日の先発以外の投手は外野で球拾いや個別のランメニュー
などを行います。そして、このBPの時間にその日の先発投手がアスレ
ティックトレーニンググルームに現れ、肩・肘から必要に応じて下半身ま
でのマッサージやストレッチの施術を受けます。投手によっては4時半
あるいは5時から始まるチームミーティングギリギリまで準備を要する
投手もおり、本来チームに2人しかいないATCのうち1人が完全につ
きっきりになってしまいます。デビルレイズの場合、このBP開始前後
の時間に監督・GM・ヘッドATCの三者ミーティングが持たれており、
通訳兼任で入団した私は3人目のATCとしてさまざまな経験をさせて
いただきました。チームミーティングが終わると、6時にグラウンドに
ユニフォームで出て、チームのウォーミングアップからシートノックを
行うため、野手はお昼に巻いたテーピングを試合用のものに巻き替えた
りなどの準備をします。そのシートノックの時間にその日先発する投手
がキャッチボールを開始します。

　午後7時5分プレーボール、先発投手は5回100球を目処に登板しま
す。余談ですが球場の停電や、乱闘など何らかの事情で試合が30分以
上中断した場合は、その先発投手はそれまでの球数に関係なく交代させ
ていました。そして役目を終えて交代すると、その先発投手はアスレ
ティックトレーニンググルームに直行して肩・肘の筋力強化トレーニングを
行い、その後ウェイトトレーニング、そして自転車エルゴ、エリプティ
カル、トレッドミルなど心肺機能向上のマシンか、流水プールで15分
ほど泳いでからアイシングを行います。場合によってはリンパの循環向
上を目的としたごくごく軽い刺激のマッサージをアイシングの前に行う
ことがありますが、これは肌に触れたか触れないかわからない程度の刺
激で、多くの人が考える「マッサージ」とは大きく違いました。

　余談ですが、MLBに挑戦する日本人選手が「メジャーのトレーナー
さんはマッサージしてくれない」といって個人トレーナーを帯同させよ
うとするのは、選手が受けたい「試合後のタイミングで強い刺激のマッ
サージを長い時間受けられない」という意味で、私が15年前に体験し
たMLBの現場でも、メジャー（一軍）のATCは、どなたもマッサージ
などの徒手療法は日本のそれと比べて遜色がないばかりか、日本のセラ
ピストも学ぶべきところが非常に多い、と感じました。とくにここ数年
は「リカバリー」のために、試合や練習後の徒手療法の割合を増やして
いる（それらは必ずしも日本式のマッサージとは同じではありません
が）印象です。ただ日本のNPB球団のように一軍に4、5人いるトレー

ナーがMLBでは一軍といえども2人、多くて3人なのでマンパワーの違いはありますが…。

　デビルレイズの肩・肘のトレーニングはダンベル・チューブ・ATCによる徒手抵抗といずれも3種類の負荷からと、それ以外に肩のプライオメトリクスや肩甲骨のアライメント補正などの20種類以上あるメニューから選択されていました。先発投手は登板翌日を1日目とすると5日目に次の登板がやってきます。肩・肘のトレーニングはマウンドあるいはブルペンからの投球の日に行っており、強い力で投球した際に起こる筋のダメージと筋力強化訓練で起こるダメージの回復が、同じタイミングで起こるとの考え方です（表5-3）。

　デビルレイズでは、このMLB（一軍）でのルーティーン、そしてエクササイズのメニューはルーキーレベル（七軍）まで統一されており、スプリングトレーニング期間中に新採用のATCはこれらを完全にマスターする必要がありました。

　先発投手については表5-3で統一してもとくに大きな問題はないと思われますが、リリーフ投手はそれぞれが、いつどれだけの球数を試合で投げるかが読めません。ある日登板して、そこで重い負荷の徒手抵抗エクササイズを行った次の日に、試合展開の都合で連投となることや、直前まで登板する前提で、ブルペンにてウォーミングアップを行っても、その後試合の流れが変わり登板しない、という日ができてしまうことがあります。シーズンを通して、リリーフ投手陣にいつ、どの負荷を用いた予防のエクササイズを処方するかについては、いつもポーターフィールド氏の頭を悩ませていました。そしてそこから私に出された指示を聞いて、そのエクササイズの選択は、ヘッドアスレティックトレーナーの知識だけではなく、それまでの豊富な経験によって裏打ちされた職人芸のように感じたのを、昨日のことのように思い出します。

表 5-3

Day	投球	障害予防トレーニング
1	なし	
2	キャッチボール	
3	ブルペン投球（30-50球）	徒手抵抗（重い負荷）・肩甲骨の安定化訓練
4	キャッチボール	
5	試合先発（100球）	チューブもしくはダンベル（軽い負荷）

[参考文献]

1) Toyoshima S, Hoshikawa T, Miyashita M, et al: Contribution of the body parts to throwing performance. In Biomechanics, Ⅳ, Nelson RC, University Park Press 1974.

2) Azar FM, et al: Operative treatment of ulnar collateral ligament injuries of the elbow in athletes. American Journal of Sports Medicine 2000; 28 (1): 16-23

3) Fleisig GS, et al: Kinetics of baseball pitching with implications about injury mechanisms. American Journal of Sports Medicine 1995; 23 (2): 233-239

4) DiGivine NM, Jobe FW, Pink M, et al: An Electromyographic analysis of upper extremity in pitching. Journal of Shoulder Elbow Surgery 1: 15-24, 1992

5) Rettig AC, Sherrill C, Snead DS, et al. Nonoperative treatment of olnar collateral ligament injuries in throwing athletes. American Journal of Sports Medicine. 2001; 29: 15-7

6) 野球に携わる医師のネットワーク：投球制限アンケート. 第3回野球障害予防懇話会配布資料. 2019

7) Rettig AC: Traumatic Elbow Injury in the Athlete. Orthopedic Clinic of North America 33: 509-522, 2002.

8) DiGiovine NM, Jobe FW, Pink M, et al: An Electromyographic Analysis of Upper Extremity in Pitching. Journal of Shoulder Elbow Surgery 1: 15-24, 1992

9) MacWilliams BA, Choi T, Perezous MK, et al: Characteristic Ground-Reaction Forces in Baseball Pitching. The American Journal of Sports Medicine 26: 66-71, 1998

10) Oi T, Yoshiya S, Slowik J, et al: Biomechanical Differences Between Japanese and American Professional Baseball Pitchers. The Orthopaedic Journal of Sports Medicine 7 (2), 2325967119825625, 2019

パフォーマンスの向上を
目的とした取り組み

　前章まで選手が一人でできる投球障害・外傷から競技復帰までのリハビリテーションについて説明しました。アスレティックトレーナーとしては「負傷する前のレベル」に到達することで競技復帰としていますが、中学生や高校生など成長期にある選手はとくに「みんなと一緒に練習ができなかった間にライバルは進歩しているはず」と焦る気持ちがあることは十分理解できます。もちろん私たちの立場としても「負傷する前以上のレベル」にして、選手には自信を持って競技に復帰してもらいたい、そういう気持ちを持つことは自然なことです。

　しかしながら、私たちアスレティックトレーナーやセラピストの立場から選手に、「（球速・球威など）パフォーマンスアップについてのアドバイス」を送るのは非常に難しいことでもあり、それぞれの職域を大きく踏み外さない範囲に留めておくのが、ベストなのかもしれません。本書でもこれまで「投げ方」についても何度か言及してきましたが、「再受傷を予防する」あるいは「競技復帰レベルに到達する」ことを目的とした一時的な指導であり、その先の「パフォーマンスの向上」については、投手コーチなど普段その選手を直接指導している方との意見のすり合わせを行ったうえで、慎重に取り組まれるべきであることを初めに記しておきます。

　ここまで、「選手一人でも取り組めるエクササイズやトレーニング」をコンセプトに記述してきました。ここからの内容は、選手のそばに、肩の障害の病態や回復プロセスについて深い知識を持つアスレティックトレーナーやセラピストがいる場合には、第４章「投球再開までの取り組み」の段階で実施するものも含まれます。

上肢のプライオメトリクス

　どのスポーツのどのスキルにおいても筋の収縮形態の変化、たとえば「求心性収縮から遠心性収縮への急激な切り替わり」あるいはその逆「遠心性収縮から求心性収縮への急激な切り替わり」が起きますが、投球障害・外傷においては、その動作における肩・肘の運動の速さからそれが各関節において大きな負担になります。この遠心性収縮から始まる素早く力強い動きにより伸張反射を発生させ、そこから生まれるより強い求心性収縮を発揮させて筋の能力、とくに筋パワー（仕事率）の向上を図るトレーニングをプライオメトリクスと呼びます[1,2]。プライオメトリクスと聞くと、ジャンプ力を向上させるなど、下肢の大きな筋群に対しての訓練をイメージしがちですが、肩（肩甲上腕関節）の安定化を図る筋群に対しても行われ、投球パフォーマンスの向上だけでなく、投球障害の予防にも用いられています[2,3]。

　プライオメトリクスの訓練を行ってよいとされる基準は上半身の場合、ベンチプレスの1RM（1回持ち上げて下ろすことができる負荷）が体重と同じで、腕立て伏せジャンプ両手叩きを5回以上連続して行える能力があり、かつ骨端線の閉鎖が確認されたもの、と提唱されています[2]。この章で紹介する内容は、加速度を高めるために非常に軽い（400〜600g）負荷を用いるもので、高校生であれば問題なく取り組めるものと思います。また投球障害をよく理解しているセラピストあるいはアスレティックトレーナーの管理下であれば、ノースロー期間終盤の筋パワー強化にも用いることができますが、その際には必ず専門家の指示に従っていただきたいと思います。

一人でできる肩のプライオメトリクス

うつ伏せでのボールフリップ（A）

　ベッドあるいはベンチに投球側の肩がベッドの端にくるようにうつ伏せになり、肩関節を30°外転（横に広げる）させる。両方の上肢が同じ姿勢をした際に、上からみてアルファベットのAに見える角度を指す。手に持ったウェイトボール（400〜600g）を放し、できるだけ速く、地

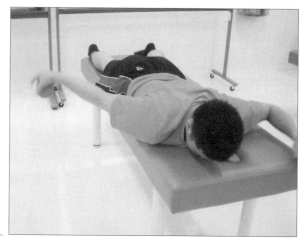

写真 6-1

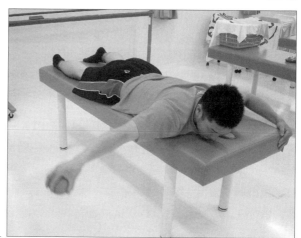

写真 6-2

面に落ちないようにキャッチする（写真6-1）。

うつ伏せでのボールフリップ（T）

　ベッドあるいはベンチに投球側の肩がベッドの端にくるようにうつ伏せになり、肩関節を90°外転（真横に広げる）させる。両方の上肢が同じ姿勢をした際に、上からみてアルファベットのTに見える角度を指す。手に持ったウェイトボール（400〜600g）を放し、できるだけ速く、地面に落ちないようにキャッチする（写真6-2）。

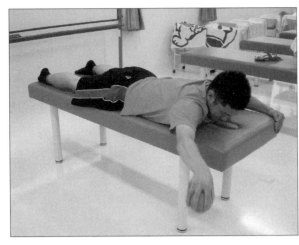

写真 6-3

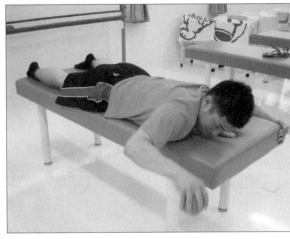

写真 6-4

うつ伏せでのボールフリップ（Y）

　ベッドあるいはベンチに投球側の肩がベッドの端にくるようにうつ伏せになり、肩関節を135°外転（頭部の横、斜め前方向までに広げる）させる。両方の上肢が同じ姿勢をした際に、上からみてアルファベットのYに見える角度を指す。手に持ったウェイトボール（400～600g）を放し、できるだけ速く、地面に落ちないようにキャッチする（写真6-3）。

うつ伏せでのボールフリップ（W：90/90）

　ベッドあるいはベンチに投球側の肩がベッドの端にくるようにうつ伏せになり、肩関節を90°外転、肘関節を90°屈曲（上記Tの状態から肘を90°曲げる）させる。両方の上肢が同じ姿勢をした際に、頭部と合わせて上からみてアルファベットのWに見える角度を指す。手に持ったウェイトボール（400～600g）を放し、できるだけ速く、地面に落ちないようにキャッチする（写真6-4）。

　上記の4エクササイズはそれぞれ20回ずつ1セット、慣れてくれば15回ずつ2セット行うようにしますが、2セット行う場合はセット間を5分と少し長い休憩を挟むようにしてください。またこの訓練は2日連続にならないよう注意が必要で、従って最大でも週3回までに留めるようにしてください[1,2]。

ウェイテッドボールプログラム

　さて、前述したプライオメトリクスでは硬式球（141.7～148.8g）より重たいボールを用いての訓練を紹介しましたが、こういった重たいボールを投げること自体がトレーニングにならないか、という取り組みが最近注目されています。

　2015年のU-18ワールドカップの際、日本の指導者と海外各チームの指導者との交流をした際に「キューバ代表は鉄球を投げるトレーニングを行っている」という話が広まり、私のところにそのリスクを尋ねてきた高校野球の指導者がおられました。海の向こう、米国はワシントン州で2008年、Kyle Boddy氏によって設立されたDriveline Baseball社では、3オンス（85.04g）～11オンス（311.84g）と重さの違うボールを実際の投球で、それ以上の重さ（2kgまで）のボールを用いて前述したプライオメトリクスの訓練を行うトレーニングを考案しました。そのプログラムを導入した、クリーブランド・インディアンズ（当時）のトレバー・バウアー投手が2015年にMLB球団で先発ローテーションに定着し、以後球速がどんどん伸びるその成長ぶりが注目されるようになりました。そして2018年、バウアー投手は、Driveline社のラボで、最も軽い

写真 6-5

3オンスのボールの投球で、助走をつけてではありますが、時速116.9マイル（188km/h）を記録したことが話題になりました。

　以後、そのウェイテッドボールプログラムはMLB球団でも導入が始まりましたが、2019年のスプリングトレーニングでミルウォーキー・ブリュワーズのリハビリテーション・コーディネーター（球団各レベルのアスレティックトレーナーを統括する責任者）のFrank Neville氏（写真 6-5）に話を伺ったところ、積極的に取り入れたある球団では投球障害・外傷の発生が例年に比べ大きく増加した、という例もあるそうです。2014年、2015年と2年連続で、MLBで最も負傷者の発生が少なかった医療チームに贈られるMartin-Monaghan Awardを獲得したブリュワーズではどうなのか？　と聞いたところ、「2年前に聞かれたらNoと即答だったが、今（2019年訪問時）は、負傷した選手の復帰プログラムへの導入を考えるときがきた」とのことでした。

ウェイテッドボールプログラムの実際

　競技では5オンス（141.74g）のボールを用いて行われるところ、主に投手の球速の増加を目的として、重さの異なる野球ボール（写真6-6）を用いて行うトレーニングは古くから行われてきました。Caldwellら（2019）によると[4]、専門家個人の意見（レベル6）そして症例報告

写真 6-6　重さの異なるボール（Driveline 社ホームページより）

（レベル5）を除いた、処置前後の比較検討（レベル4）以上レベルの
信頼性を持つ研究報告は2019年の時点で128本を数え、古いものでは
1966年に発表された、19名の大学生投手に2.5オンス（70.87g）から5.5
オンス（155.92g）までのボールを使った4週間のトレーニングで平均
して球速が時速9.28マイル上昇した、という文献が一定以上の信頼性を
持つ最古のエビデンスとして紹介されています。その後、ウェイテッド
ボールプログラムに関する研究は1980年代と2000年代に一度下火とな
りましたが、2010年代に入り、また脚光を浴びてきたという歴史的な
背景もCaldwellらのシステマティックレビュー[4]から読み取れます。

　2013年に発表されたYangらによる研究[5]では、24名の高校生投手を
通常の重さのボールを用いて10週間のトレーニングを行ったグループ
と4.4オンス（124.74g）のボールを用いて同じメニューを行ったグルー
プを比較した結果、後者の軽いボールを用いてトレーニングを行ったグ
ループにおいて球速が著しく向上（平均で時速2マイル）し、投球コン
トロールの正確性と、投球時の肩関節最大外旋角には変化がなかったと
報告しています。それまでの研究では通常より重たいボールを用いて
も、有意な球速差がみられなかった報告が大多数だったところに、軽い

ボールによってより速い動きを再現させることで球速が向上することを示しました。

　前述のCaldwell[4)]らの調査対象の中でも最新の文献となったのは2018年に発表されたRaynoldらの研究[6)]で、13〜18歳の投手38人を、通常の重さのボールを用いて6週間のトレーニングを行ったグループと2オンス（56.70g）〜32オンス（907.19g）と重さの異なるさまざまなボールを用いたトレーニングを行ったグループに分けて比較しました。この研究はエビデンスレベル1b（メタ分析を含まないランダム化比較試験）と、ウェイテッドボールプログラムを検証した中ではCaldwellら[4)]のシステマティックレビューに次いで信頼性の高いものです。その結果は、後者の重さの異なるボールを用いて6週間のトレーニングを行ったグループは平均して時速2.2マイルの球速向上がみられたものの、肩関節の外旋、他動での可動域（PROM）が平均で4.3°拡大されただけでなく、後者のグループからは4人に肘関節での投球外傷が発生、うち2人は6週間のプログラムそれ自体を終えることができなかった、と報告しています。

　しかしながら、Caldwellのシステマティックレビュー[4)]で比較検証に耐えうるウェイテッドボールプログラムに関する論文は、その比較的長い歴史にもかかわらず10本しかなく、加えて調査対象（被検者）がそれぞれ異なるだけでなく、そこで検証されるトレーニングのプロトコルもそれぞれ異なります。Caldwellらはこのウェイテッドボールを用いたトレーニングは球速を向上させる効果があるものの、現時点で入手できるエビデンスの質はまだまだ低く、とくにこのトレーニングによって発生する外傷のリスクについては適切なエビデンスは報告されていない、と結論づけています。

　セラピスト、あるいは研究者の立場からは、確かにウェイテッドボールプログラム導入はまだまだ時期尚早と結論づけるのは非常に簡単ですが、「高校3年生の夏の大会が始まるまでにストレートの球速を140km/h台に載せたい」けれど、今高校2年生のこの時期、まだ130km/h台に到達していない、という投手にとっては、ウェイテッドボールプログラムの安全性が確認されるまで待っていられない、とくに国内でもそのプログラムを導入し、結果を残し始めた選手の報道などがみられるように

なれば、いてもたってもいられない気持ちになるのは理解できます。もちろん、それは前述したMLB球団の間でも同じで、いきなり導入して負傷者を大きく増やしてしまった球団もありますが、近年最も医療チームが機能したことで評価されたミルウォーキー・ブリュワーズのような球団でも「いよいよ導入を検討すべき段階に入った」と前向きな姿勢をみせるようになりました。

　私自身も、中学生の硬式野球チームの現場に関わる者としては、このトレンドには敏感にならざるを得ません。選手は自らスマートフォンで自由に情報を得られるだけでなく、まだまだ保護者の方々も高校野球のように監督・指導者に完全に任せねばならないといった距離感とも異なり、平日の自宅練習などで選手に技術の指導も行うことがよくあり、このウェイテッドボールは気の早い方はネット通販の直輸入などで入手されてご子息に指導されている可能性もあります。そういう中で、専門家としてこのトレーニングに対してどう向き合うか、という姿勢は持っておくべきだと感じています。そこで2020年夏の時点での、私なりのこのトレーニングプログラムについて推奨できるガイドラインを示してみたいと思います。

ボールの選び方

　筋の能力のひとつ、筋パワーという指標は筋の仕事量「負荷×速さ」で決まります。重たいボールを選んで負荷をあげ、動作のスピードを保とうとすることでも、逆に、負荷を軽くし、動作のスピードをより速くすることでも、筋パワーの向上につながります。しかしながら、投球外傷・障害の発生リスクは負荷よりも、動作の速さにあると思われます。とくに中学生や高校生で多く発生する上腕骨内側上顆の裂離や、円回内筋起始部の炎症は腕の振りが速くなることでリスクも高まる印象です。ですので、軽いボールでの投球は4オンス球（113.40g）程度に留め、3オンス球（85.05g）やそれ以下のものは避けたほうがよさそうです。また肩関節の外旋の可動域拡大によって起こる肩の前方関節唇へのストレスや、肘の外反によって内側側副靭帯にかかるストレス、そして重い負荷によって動作スピードが低下してしまうことを考えると、重たいボー

写真 6-7　日本国内の店頭で購入できるウェイテッドボール、青 600g、緑 800g、オレンジ 1 kg

ルでの投球も標準の重さの倍となる 10 オンス球（283.50g）未満のものが無難だと思います。Raynold らの研究[6]では最大 32 オンス（907.19g）のボールまで用いたとのことでしたが（写真 6-7）、10 オンス球（283.50g）以上の重さのボールは投球ではなく、プライオメトリクスにのみ用いるよう制限したほうが無難だと考えています。前述したブリュワーズでは 18 歳以上のプロのレベルであっても、導入の際には 9 オンス球（255.15g）までのボールを用いるとのことでした。

プログラムの進め方

　基本的には試合のない時期のブルペン投球の中で、本格的なピッチングに入るための準備ができた状態で導入する、重さを増やすときは週に一段階ずつ増やす、変化球は通常のボールでのみ投球する、が基本になるかと思います。軽いほうは私の示すガイドラインでは 4 オンス球の 1 種類しかありませんので、とくに問題はありませんが、重いほうは 6 オンス球（170.10g）、7 オンス球（198.45g）、そして 9 オンス球（255.15g）

と3段階ありますので、50球のブルペンセッションであれば表6-1のようにボールの重さを加減していくイメージです。

表 6-1

1 週目

1～30球	通常のボール
31～40球	4オンス球（113.40g）
41～50球	通常のボール

2 週目

1～30球	通常のボール
31～35球	6オンス球
36～40球	4オンス球
41～50球	通常のボール

3 週目

1～25球	通常のボール
26～30球	6オンス球
31～35球	7オンス球
36～40球	4オンス球
41～50球	通常のボール

4 週目

1～20球	通常のボール
21～30球	6オンス球
31～35球	7オンス球
36～40球	4オンス球
41～50球	通常のボール

5～7 週目

1～15球	通常のボール
16～25球	6オンス球
26～30球	7オンス球
31～35球	9オンス球
36～40球	4オンス球
41～50球	通常のボール

そして、8週目からは、以下のようにするのが理想的ではないか、と考えています。なお、このボールを用いて行うトレーニングのために投球数を増やすべきではなく、あくまでも予定していた投球数の中にこのウェイテッドボールでの投球を織り交ぜるべきだと考えています。

1～15球	通常のボール
16～40球	4～9オンス球をランダムに投球
41～50球	通常のボール

[参考文献]

1) Prentice WE: Rehabilitation Techniques in Sports Medicine, WCB/McGraw-Hill, 1999
2) Baechle TR and Earle RW: Essentials of Strength Training and Conditioning, Human Kinetics 2010
3) Lephart SM, and Fu FH: Proprioception and Neuromuscular Control in Joint Stability Human Kinetics 2000, 405-407
4) Caldwell JE, Alexander FJ, and Ahmad CS: Weighted-Ball Velocity Enhancement Programs for Baseball Pitchers, The Orthopaedic Journal of Sports Medicine, 7 (2), 2325967118825469, 2019
5) Yang W-W, Liu Y-C, Lu L-C, Chang H-Y, Chou PP-H and Liu C: Perrformance Enhancement among Adolescent Players After 10 weeks of Pitching Training with Appropriate Baseball Weights. Journal of Strength Conditioning Research, 27 (12): 3245-3251, 2013
6) Reinold MM, Macrina LC, Fleisig GS, Aune K and Andrews JR: Effect of a 6-week Weighted Baseball Throwing Program on a Pitch Velocity, Pitching Arm Biomechanics, Passive Range of Motion, and Injury Rates. Sports Health, 10 (4): 327-333, 2018

7

「野球人生」に悔いを残さないために

　第6章まで投球外傷・障害の予防あるいはそれらからの復帰について、選手個人で取り組めるものを中心にお伝えしてきました。もちろんそういった外傷・障害を被ることなく選手としてのキャリアを積み重ねることができればそれに越したことはありません。しかし、仮にそういった外傷を被ったとしても、それらの外傷に理解を持つ医師やサポートスタッフのアドバイスのもと、正しい知識に基づいた復帰への取り組みによって、多くの外傷は障害に至ることなく復帰することが可能です。本書がその一助となれるよう、できるだけ平易な言葉、表現を用いて、指導や治療の専門家だけでなく、選手やその保護者に伝わることを執筆においての基本軸としてきたつもりです。いよいよ最終章では、選手あるいは保護者にしかできないことについて記してゆきます。

自分自身で守る

　あなたの肩・肘を守れるのはあなた自身です。私のようなアスレティックトレーナーはあくまでもあなたのその意思、そして目標の達成をサポートすることしかできません。よく「野球人生」という表現を耳にしますが、それは「選手生命」だけを指すものではありません。野球の選手を辞めたあと、後輩たちに、あるいは結婚して子どもができて、その子が大きくなったとき、自分自身が情熱をかけて打ち込んできたこの素晴らしいスポーツを伝えたい、と思うときがいつかやってきます。そんなときに「現役時代のケガのせいでもうボールを投げられない」のであれば、次の世代は野球をどう捉えるでしょうか？　すべてを賭けてボロ

ボロになるまで打ち込むことの素晴らしさを、世間はしきりにアピールしていますが、選手を辞めてからの人生のほうがはるかに長いのです。そして若い世代に野球の素晴らしさを伝えることができて初めて、スポーツが「文化」として根付きます。今選手として頑張っている読者、あるいはそういう選手を持つ保護者の方に、選手を辞めた後を含む長いスパンでの「野球人生」についても考えてもらいたい、それが本書を執筆する原動力の大部分を占めていたように思います。

2019年、日本の高校野球界では投手の投球数に関する議論が沸き上がりました。私も縁あって、8月に大阪で開催された日本整形外科スポーツ学会併催の「第3回野球障害予防懇話会」の末席に参加させていただき、投球外傷・障害の増加に警鐘を鳴らす医師たちと、高野連や中学硬式各リーグの代表者との意見交換の場に立ち会いましたが、米国でMLBが提唱する「Pitch Smart[1]（表7-1）」の日本版を完成させるにはまだまだ程遠いと感じました。だからといって米国の投球数制限を無条件に支持、各レベルに導入せよ、というつもりもありません。日本国内でも中学硬式野球のポニーリーグではそれに準じた投球数制限が導入さ

表7-1 Pitch Smart

年齢	1試合最大	連投（翌日）	2日目	3日目	4日目	5日目	6日目
7-8	50	1-20	21-35	36-50			
9-10	75	1-20	21-35	36-50	51-65	66+	
11-12	85	1-20	21-35	36-50	51-65	66+	
13-14	95	1-20	21-35	36-50	51-65	66+	
15-16	95	1-30	31-45	46-60	61-75	76+	
17-18	105	1-30	31-45	46-60	61-75	81+	
19-22	120	1-30	31-45	46-60	61-75	81-105	106+

※3連投は認めない

れていますが、ポニーリーグが持つ影響力では他の中学硬式野球のシニアリーグやボーイズリーグにはるかに及びません。高校野球も含めた、この国の野球を取り巻く環境に合った、そして医療関係者の声からだけではなく、選手とその保護者、現場で指導するコーチたちからもコンセンサスを得られるものが出来上がるには、まだまだ時間がかかると予測しています。しかしながら、今プレーしている選手にとっては、いつできるかわからない基準をあてにするわけにもいきません。毎日練習できる高校の野球部から、土・日曜と祝日しか活動できない中学の硬式野球クラブチームや小学生のリトルリーグに至るまで、所属しているチーム活動の頻度や、そこにいる指導者の考え方にも大きくばらつきがある我が国の現状では、あくまでも自分で自分を守るしか方法がありません。そのような状況下で、選手そして保護者が投球外傷・障害から身を守るためにどうすればいいか、読者諸兄にとっての最適解を導き出すための材料を提供したいと思います。

Verducci Effect「大活躍翌年の影響」

　MLBでは選手を評価するうえで、従来の防御率・勝利数・自責点など従来からの評価指標に加え、これまでさまざまな指標が関係者あるいは野球ファンの間で考案されてきました。2001年シーズンのMLB球団、オークランド・アスレティックスを舞台にした映画、あるいはノンフィクション書籍『マネー・ボール』によって広く知られるようになった、1イニングあたり何人に出塁を許したか（WHIP）、奪三振と与四球の比率（K/BB）、9イニング当たりの奪三振数（K/9）などのセイバーメトリクスもそのひとつで、日々新しいモノサシが提案されては専門家や好事家によって検証され続けています。

　その後2010年代初頭に入り、雑誌『Sports Illustrated』の記者Tom Verducciにより投手に関して新たな評価指標が提唱されました[2]。それは「25歳以下の投手において、前年の登板イニング数より30イニング以上増えた投手は、その翌年負傷あるいは防御率の大幅な低下のリスクがある」というものです。Verducci自身が2005年から2010年までのシーズンのMLBにおける25歳以下の投手で前年登板数より30イニング以

上増えた55人を確認したところ、84%にあたる46人が翌年に負傷、もしくは著明な登板成績（防御率）の低下がみられました[2)3)]。MLBの各球団はこの結果を重く受け止め、2012年、ワシントン・ナショナルズは、プレーオフ進出が確実となった9月初旬の時点で、その年の開幕から大活躍し、ポストシーズンでの活躍も十分に予想されたSteven Strusburg投手をそれ以降登板させない、と決めたことで野球ファンの間で大きな議論となった[4)] ほどです。

　さて、骨の成長も終わって「身体が出来上がっている」といわれるプロの世界において、それでも25歳以下の選手への扱いにMLBはここまで慎重にならざるを得ない理由は、選手の発掘、育成にかかる手間もさることながら、高騰する年俸が原因です。しかし、あれは海の向こうのプロの話、としてしまうのではなく、これを読む皆さんの選手生命も同じで、「あの大学（高校）でプレーしたい」という夢の実現は、その価値を金額に置き換えられないほど貴重なはずです。ちょっと想像してもらいたいのですが、選手層の厚い高校に所属して、2年の夏までほとんど試合で投げる機会がなかったところ、3年生が引退、あなたに登板の機会が訪れ、そこで結果を残せたら、次々と登板の機会がやってくるかもしれません。高校3年に上がり、エースとして大活躍し、大学あるいはプロや社会人といったその先の道が開けた、でも高校3年生の春・夏で2年のときよりもはるかに多いイニング数を投げてきた、もしこのVerducci Effectが自分にも当てはまるとしたら…しかも20代のプロの投手ではなく、まだまだ成長期にある10代のあなたの身体にはもっと深刻な影響があるかもしれません。ならば、皆さんがもし投手、あるいは投手の保護者であるなら、試合で投げたイニングや球数、それが紅白戦なのか、練習試合なのか、公式戦なのかもしっかり記録し、それをもとに自己管理できるようになってもらいたい。そして、もし試合によって投げなくてよい、という選択肢を取れるなら、時にはそちらを選ぶことを勧めたいのです。

試合参加数をコントロールしてほしい

　米国はMLBで年間162試合、マイナーリーグはレベルにより70〜140

試合、大学はレベルにより60〜50試合、高校はリーグにより45〜55試合と1シーズンに最低何試合公式戦を行うか決まっているだけでなく、大学はNCAA1部リーグから短大（コミュニティカレッジ）まですべてのレベルで、高校レベルでも常勤のアスレティックトレーナーを雇用しています。それに加えて、7月から12月までは年度変わりで学校の部活動が解散し、自主トレーニングが中心のオフシーズンとなることで、負傷した選手がケガを治すための十分な時間や機会が得られます。

　一方我が国ではどうでしょうか？　年末年始以外ずっとボールに触れている状態とはいえ、春・夏・秋の都道府県大会を初戦で敗退し、年間3試合しか公式戦を経験できない弱いチームから、公式戦を年間20試合以上こなしたうえで、地元以外のチームから練習試合や交流戦がひっきりなしに組まれる甲子園常連校チームとで、同じ高校野球というカテゴリーにありながら置かれている環境が、学校やチームによって全く異なるカオスのような状態です。

　実は米国も中学生までの野球では、リーグなどの組織によるコントロールが全く効かないカオスのような状態です。地域のリーグに所属しながら、トラベルチームという選抜チームに招待されれば参加し、近年ではMLBや有名大学のスカウトからの注目が集まるからという理由で、スポーツイベント会社が開催するショーケースというキャンプにも参加する選手が後を絶ちません。それがもとでオーバーワークとなって、多くの投球外傷・障害発生の低年齢化の原因となっています。この日本の高校野球とはまた異なるカオス状態を乗り越えていくためには、選手の保護者がこういった事実を知り、子どもの試合参加数をコントロールしてあげることですが、未だそのレベルの選手の保護者へ向けた有効なアプローチの方法は見つかっていないのが現状です。ただ高校から上のレベルでは、選手を外傷や障害から守るシステムが全米どこへ行ってもある一定レベル以上のものが用意されているのは大きな違いですが、問題はそこにたどり着く前にすでに起きているのが実情です。

治療方法は進歩しているが

　1974年にFrank Jobe博士（1925-2014）が、損傷した肘関節内側の尺

側側副靭帯（Ulnar Collateral Ligament：UCL）を、他の部位の腱を移植することで再建する、通称「トミー・ジョン手術」を考案しました。その第一号の患者であるロスアンゼルス・ドジャースの投手Tommy Johnは、4時間を要した手術と、2年にわたるリハビリテーションを経て復帰、負傷前よりも速い球速を記録するなど、その後の大活躍によってその手術は野球界に知れ渡り、多くの選手たちを救うことになりました。2000年代に入ると、考案者Frank Jobe博士自身による、その手術に要する時間は45分（！）に短縮され、リハビリテーションについても1年で負傷前と同じレベルに競技復帰ができるようになりました[5]。そして2010年代に入ると、患者自身の血液より採取した血小板を多く含む血漿を患部に注入し、手術に頼らず患部の修復を図る多血小板血漿注入療法（Platelet Rich Plasma：PRP療法）がUCLの損傷にも応用されるようになり、上腕骨の内側上顆に近い部位の断裂においては手術と変わらない治療成績を残すようになりました[6]。

　UCL断裂の治療ひとつをとっても、この50年で大きな進歩を遂げ、毎年多くの選手がそれらの治療を受け、以前は引退を余儀なくされた投球障害でも、現在では復帰できる前提で治療法を選択する時代になったと思われるかもしれませんが、それでも私はそれ以外の投球外傷も含め、できる限り予防に努め、もし受傷した場合も軽傷のうちに適切な治療とコンディショニングを施し、再受傷を予防すべきだと固く信じています。

　確かに毎年のように肘ではUCLの断裂、肩では関節唇の損傷で手術を受け、長いリハビリテーションを経て復帰する選手がニュースに取り上げられ、まるでそれらの手術は一流のプロ選手になるための通過儀礼のように捉えられつつある昨今ですが、ここを読まれる皆さんに勘違いしてほしくないのは、それらの選手たちは復帰することに成功したからこそメディアに取り上げられているのであって、その背景には数多くの「復帰が叶わなかった選手たち」がいるということ。復帰が叶わなかったほうの選手たちは、そもそも負傷したこともニュースになっていないことが多く、長く退屈なリハビリテーションを経ても負傷前のパフォーマンスに届かず、ひっそりと表舞台から姿を消しています。そんな中で成功者だけが脚光を浴びているのを見せられて、それらの治療法がとて

も高い成功率を誇っているかのように誤解させられていることを、知っていていただきたいのです。

近道は存在しない

そしてもうひとつ知っていてほしいことは「投球外傷・障害の治療に近道なし」ということです。スポーツ外傷の中で、投球外傷・障害は膝の前十字靭帯損傷や足関節捻挫と同様、多くの臨床家や研究者がさまざまな角度から検証を重ねてきたもののひとつであり、完成度の高いプロトコルがすでに出来上がっている外傷でもあります。投球動作で肩や肘にかかるストレスの種類、かかり方をみればわかるように、肩であれば回旋腱板をはじめ、肩関節の安定化に働く筋群が上腕骨骨頭の運動を一定の範囲に保ち、肘においては前腕を屈曲・回内させる筋群の働きによって外反を抑制している、そのいずれの関節においても、負傷の原因となる外的ストレスは関節をまたぐ筋群が吸収しています。従ってそれらの筋群が十分な筋力を発揮できなければ、あの速い動きの肩関節内旋、肘関節伸展に耐えることができません。そしてそれらの筋群が十分に能力を発揮できるまで訓練するには、それ相応の期間がかかることは今さら説明する必要もないでしょう。

ところが「何か魔法はないか？」と焦る選手や保護者、あるいは指導者の気持ちが、「一度の治療で痛みが消失する」などのキャッチコピーを携えた「自称ゴッドハンド」「自称カリスマトレーナー」を呼び寄せてしまい、貴重な時間とお金を無駄にさせられてしまう選手も多くいます。それらの怪しい治療家は多くの場合、プロアスリートの個人トレーナー、という肩書きを最大限に利用しています。

彼らの施術が全く不適切だと言いたいのではありませんが、彼らがなぜプロアスリートから求められるか、をよく考えてみてほしいのです。プロアスリートは所属するチームにいるアスレティックトレーナーから95％までのケアを受けたうえで、それでも足りない残りの5％を特殊な治療を行う外部の専門家に依頼しているのです。あなたの所属するチームには、そのプロ球団と同じように選手10名に対し1名のアスレティックトレーナーがすべての練習や試合に帯同していますか？　その環境

で95％まで仕上がっているアスリートが「自称ゴッドハンド」の施術で仮に2％の上積みが得られたら、その効果は十分に実感できるでしょうが、現状で40％しか仕上がっていないあなたが「自称カリスマトレーナー」の施術で5％の上積みを得られたとして、その5％分の効果はきっと体感できないと思います。

　本書でここまで記述した内容はあくまでも選手や指導者、保護者を対象に、選手一人でも取り組める内容を中心に選手自身による「セルフケア」の範囲に留めてはきましたが、根気よく取り組んでいただくことで私が直接触れて訓練できなくても、70〜75％の状態に持っていけるだけの内容になるよう心がけてきたつもりです。ただ、この75％の状態から、「自称ゴッドハンド」の施術の効果を実感できる95％の状態までのところはやはり選手一人ではカバーしきれないところで、地域の理学療法士や柔道整復師、鍼灸師やアスレティックトレーナーの方にお願いしたいのですが、私の11年に及ぶ中学硬式野球クラブチームでの経験から感じるのは、そこをお任せできる方が非常に少ない、というジレンマです。それは地域のスポーツ医学に関与する方々に問題があるのではなく、そもそも、それら医療資格の養成課程において、スポーツ障害に対して十分な教育、とくに実践できる機会がほとんどない、環境面の問題によるものです。

　機会があればそういった有資格者の方と一緒に投球外傷、障害について、執筆といった一方通行ではなく、実際に集まって、触れて、感じて学ぶ場を持てればと願っています。ちなみに「自称」ではない本物の「ゴッドハンド」あるいは「カリスマトレーナー」であれば、40％しか仕上がっていない選手にはそこから95％までの治療を、そして95％まで仕上がっている選手には残りの5％を埋める何かを、と両方に対処できるとは思いますが…。

　私自身もチームのアスレティックトレーナーという立場で多くの投球外傷・障害を目の当たりにしてきました。カリフォルニア州立大学フラトン校では、高校卒業時、MLB球団からかなりの高位でのドラフト指名があったのを蹴って入学した投手にUCL断裂が発覚、最初の1年を手術とリハビリテーションに費やし、2年目と3年目の2シーズン大活躍したものの、その後2回目のUCL断裂でキャリアを断念するのを目

の当たりにしました。タンパベイ・デビルレイズでは私の担当した日本人投手がポスティング移籍後初となるオープン戦への調整登板、たった3球で肩関節を脱臼、その当時ではそのケースに適切な手術法が見つからず、保存療法で6カ月、週3回各50球のブルペン投球ができるまでリハビリテーションを重ねましたが、球速が130km/hを超えられず、超えようとするとまた肩関節に問題が起きる、問題が発生すると塁間（27m）のキャッチボール週3回まで戻り、遠投含む週5回のキャッチボールを経て、また週3回のブルペン投球を目指す、をそこから1年繰り返したものの、夢の実現まであと一歩のところで選手としてのキャリアを終えることになりました。

　関わりの深かったその2人の選手以外にもUCL断裂や関節唇損傷と診断された選手は数えきれないほどで、負傷前のレベルで復帰できた選手のほうがはるかに少なかったはずです。ただ復帰できた選手、そうでない選手どちらであっても、誰もが知っているような地道な訓練を、外の世界の人には想像できないようなレベルで取り組んでいたのは確かです。それでも彼らは、他の多くの人が羨むトップアマチュア、あるいはプロのレベルに到達することができた人だということも、忘れてはいけないでしょう。

　今お手伝いさせていただいている中学生の硬式野球チームでは、毎年25件ほどの投球外傷・障害が発生します。ご協力いただける整形外科医の先生方のおかげで、早期に発見、対処できたケースについては大きな問題もなく競技に復帰していますが、中には試合に出たい、あるいはレギュラーの座を失いたくないためにケガを隠してプレーを続ける選手もいます。もちろん、後日さらに大きな問題となって発覚するのですが、そのようなケースは復帰まで非常に時間がかかることが多いです。非常にお恥ずかしい話ではありますが、これまでそのチームでの11年、280例を超える投球外傷・障害の中で、私の力が及ばず、競技復帰できずに野球を諦めてしまった選手が2名います。また中学3年間の中で同じ部位を二度負傷する、といったケースも2件ありました。ただこちらは復帰して進学した先でも野球を続けることができましたが、大きな遠回りをさせられたことには変わりありません。そんな中、最近は監督やコーチの方から「XX、投げ方ちょっと変なので、診てもらえませんか」

といわれるケースが多くなって、早期発見、早期復帰の好循環ができつつあることに感謝しています。

　本書の読者である選手には「違和感」の状態で声を上げる勇気を持っていただきたい、そして選手の保護者、あるいは指導者の方々にはその「違和感」を見抜く目を持っていただき、適切なタイミングで休ませる、あるいは治療を受けさせるといった形で彼らを支えていただければ、と思います。そのためのお手伝いとしてであれば、依頼があれば日本中どこにでも伺いたいと思っています。いつか、読者の方々と球場でお会いできる機会が来るのを祈って筆を置くことにします。

[参考文献]

1) Major League Baseball, Pitch Smart: Mlb.com/pitch-smart

2) Tom Verducci, Inside Baseball: http://sportsillustrated.cnn.com/2011/writers/tom_verducci/01/11/verducci.effect/index.html, 2011

3) Tom Verducci, Inside Baseball: http://sportsillustrated.cnn.com/2012/writers/tom_verducci/01/18/year.after.effect/index.html, 2012

4) Dave Cameron, The Strusburg Shutdown and What We Don't Know http://www.fangraphs.com/blogs/index.php/the-strasburg-shutdown-and-what-we-dont-know/, 2012

5) Langill, M: The Patients of Jobe, Dodgers Magazine, vol 16 (2), 41-44, 2003

6) Kato, Y., Yamada, S, and Chavez, J: Can platelet-rich plasma therapy save patients with ulnar collateral ligament tears from surgery? Regenerative Therapy, vol 10, 123-126, 2019

一人でできる
投球障害からの復帰と再受傷予防のためエクササイズ　一覧

エクササイズ	方法・ポイント
■可動域改善のストレッチング 肩のセルフストレッチング（p.36-37） 棘下筋・小円筋　その1 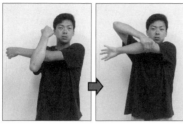 写真4-3　　　　写真4-4	**方法**：上肢を水平内転させ、反対側の前腕で身体に引き寄せるストレッチング（写真4-3）。この方法を自分で実際にやってみるとわかるが、三角筋後部に伸張を感じるものの、棘下筋・小円筋に伸張を感じることはない。 この姿勢から上肢全体を内旋させ、反対側の手で上腕を上からつかむ（写真4-4）ことで棘下筋・小円筋が伸張されるようになる。 **回数**：伸張状態で最短15秒間保持を、2セット以上が基本。
棘下筋・小円筋　その2 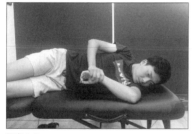 写真4-5	**方法**：側臥位から肩関節を内旋させるストレッチング（写真4-5）で「スリーパー・ストレッチ」の名前で知られるもので、内旋をコントロールすることができるのが特徴。顎を使って上腕骨骨頭を背側へ押し込む。 **回数**：伸張状態で最短15秒間保持を、2セット以上が基本。 **注意**：肩峰下インピンジメントを誘発する肢位でもあるので、棘上筋の損傷、肩峰下滑液包炎あるいは上腕二頭筋長頭炎と診断された選手は行ってはならない。

エクササイズ	方法・ポイント

前腕のセルフストレッチング（p.38-39）

浅指屈筋・尺側手根屈筋・橈側手根屈筋　その1

写真4-6　　　　　　　　　写真4-7

方法：指4本をつかみ、手関節背屈と肘の伸展を行う前腕の基本となるストレッチング（写真4-6）。立位で行う場合には選手の目の高さで行う。人差し指と中指の2本をつかんで（写真4-7）、または薬指と小指の2本をつかんで、と分けて行ってもよい。
回数：伸張状態で最短15秒間保持を、2セット以上が基本。

浅指屈筋・尺側手根屈筋・橈側手根屈筋　その2

 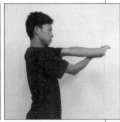

写真4-8-a　　　　　　　写真4-8-b

方法：その1のストレッチングから前腕を回内させ、両腕が交差した状態で保持する（写真4-8）。その1と同じく、人差し指と中指の2本をつかんで、または薬指と小指の2本をつかんで、と分けて行ってもよい。
回数：伸張状態で最短15秒間保持を、2セット以上が基本。

浅指屈筋・尺側手根屈筋・橈側手根屈筋　その3

写真4-9-a　　　　　　　写真4-9-b

方法：その2とは逆に前腕を回外させた状態で保持する（写真4-9）。前腕筋群がストレッチされた状態を保ったまま回内（その2）～回外（その3）の動作を行うことで、対象となる筋群だけでなく、尺骨神経、正中神経、橈骨神経の瘢痕組織などによる絞扼の予防も期待できる。その1、その2と同じく、人差し指と中指の2本をつかんで、または薬指と小指の2本をつかんで、と分けて行ってもよい。
回数：伸張状態で最短15秒間保持を、2セット以上が基本。

エクササイズ	方法・ポイント

■肩甲骨のアライメントと姿勢の改善

姿勢改善を目的とした背筋群のアイソメトリクス（p.43）

プローンコブラ（背筋のトレーニング）

写真4-12

方法：ベッドなどの上で伏臥位となる。肩関節は30°程度外転、肘は伸展し、上肢全体を外旋させ、親指を天井へ、手のひらを外に向ける。その姿勢を保持する（写真4-12）。
回数：30秒3セットより始め、60秒3セット行っても姿勢が崩れないようになれば、ダンベルで負荷を増やすか、バランスボールに上体を乗せて行う。

肩甲骨安定化のためのエクササイズ（p.44-45）

エクササイズ　その1

写真4-13-a

写真4-13-b

方法：座位（できれば足がつかない高さにて）で背筋を伸ばし、両手でタオルの両端を持って両肩関節を90°外転、肘を90°屈曲、タオルを強く引っ張り、肘を伸展する方向に力を入れておく（写真4-13-a）、その位置からゆっくりと両肩関節をタオルが額に当たるまで外旋させ（写真4-13-b）、元の位置に戻す。肩甲骨内転に働く筋群の収縮を促すことが目的。

エクササイズ　その2

写真4-14-a

写真4-14-b

方法：その1のエクササイズを、タオルを用いずに行う（写真4-14-a、b）。タオルを引っ張らずとも肩甲骨の内転を保持することが目的。

エクササイズ	方法・ポイント

肩甲骨安定化のためのエクササイズ（続き）

エクササイズ　その3

写真 4-15-a　　　　　　写真 4-15-b

方法：その2のエクササイズの姿勢、座位で肩関節90°外転、肘関節90°屈曲（写真4-15-a）から肘の屈曲角度を保ったまま両指先が触れ合うよう、両肩関節を水平内転させ（写真4-15-b）、元の位置に戻す。水平内転、水平外転の間、肩甲骨の内転を保持することが目的。

エクササイズ　その4

写真 4-16-a　　　　　　写真 4-16-b

方法：ベッドの端から胸より上を出すようにして伏臥位になり、両肩関節を120°外転、上肢は外旋させ、親指を天井に向ける（写真4-16-a）。その位置から肘関節のみを屈曲し両指先を接触させ（写真4-16-b）、元の位置に戻す。肘の屈曲、伸展の間、肩甲骨の位置を保持することが目的。

回数：その1～4のエクササイズは（マウンドあるいはブルペンからの）投球後に15回の2セットを基本として行うことを推奨するが、負荷が非常に軽いので姿勢を改善する目的で、毎日のルーティーンとして行ってもよい。

ミニバンドを用いたエクササイズ（p.46）

エクササイズ　その1

写真 4-17　　　　　　写真 4-18

方法：ミニバンドに両手首を通し、壁を向いて肩関節90°屈曲、肘関節90°屈曲し、前腕を壁に押しつける（写真4-17）。そこから前腕を平行に保ったまま壁を5歩上って下りる（写真4-18）。これを5往復する。上肢の上下動の間、前鋸筋によって肩甲骨の位置をコントロールすることが目的。バンドはこのエクササイズが正しく行える負荷のものを選ぶ。
回数：投球後に2セット行う。

エクササイズ	方法・ポイント
ブラックバーン6エクササイズ (p.46-48) エクササイズ　その1  写真 4-19	**方法**：ベッドなどの上で伏臥位となり額で枕を押しつける。肩関節は30°程度外転、肘は伸展し、上肢全体を外旋させ、親指を外へ、手のひらを床に向ける。この姿勢から上肢を20回小さく速く（前回りに、あるいは後ろ回りに）回す（写真4-19）。
エクササイズ　その2  写真 4-20	**方法**：ベッドなどの上で伏臥位となり額で枕を押しつける。肩関節は90°外転、肘は伸展し、上肢全体を内旋・外旋の中間位とし、親指を頭上の側へ、手のひらを床に向ける。この姿勢から上肢を20回小さく速く（前回りに、あるいは後ろ回りに）回す（写真4-20）。
エクササイズ　その3  写真 4-21	**方法**：ベッドなどの上で伏臥位となり額で枕を押しつける。肩関節は90°外転、肘は伸展し、上肢全体を外旋させ、親指を天井へ、手のひらを頭上の側に向ける。この姿勢から上肢を20回小さく速く（前回りに、あるいは後ろ回りに）回す（写真4-21）。

エクササイズ	方法・ポイント

ブラックバーン6エクササイズ（続き）

エクササイズ　その4

写真 4-22

方法：ベッドなどの上で伏臥位となり額で枕を押しつける。肩関節は120°外転、肘は伸展し、上肢全体を内旋・外旋の中間位とし、親指を頭上の側へ、手のひらを床に向ける。この姿勢から上肢を20回小さく速く（前回りに、あるいは後ろ回りに）回す（写真4-22）。

エクササイズ　その5

写真 4-23

方法：ベッドなどの上で伏臥位となり額で枕を押しつける。肩関節は120°外転、肘は伸展し、上肢全体を外旋させ、親指を天井へ、手のひらを頭上の側に向ける。この姿勢から上肢を20回小さく速く（前回りに、あるいは後ろ回りに）回す（写真4-23）。

エクササイズ　その6

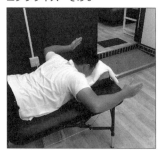

写真 4-24

方法：ベッドなどの上で伏臥位となり額で枕を押しつける。肩関節は90°外転、肘も90°屈曲、前腕を回外させ、親指を天井へ、手のひらを頭の側に向ける。この姿勢から上腕骨を20回小さく速く（前回りに、あるいは後ろ回りに）回す（写真4-24）。

回数：ブラックバーン6エクササイズは（マウンドあるいはブルペンからの）投球後にその1〜6を前回りに上肢を回旋させて1セット、後ろ回りに上肢を回旋させての2セットを行うことを推奨するが、負荷は自身の上肢の重量だけと非常に軽いものでもあるので、姿勢改善のために毎日2セット行ってもよい。

エクササイズ	方法・ポイント

■肩（肩甲上腕）関節の安定化を目的とした周囲筋の強化

ダンベルを用いたエクササイズ（p.53-57）

立位からの屈曲

写真 4-38

方法：足を肩幅に開いて立ち、ダンベルを90°前方に挙上する。挙上させたときの倍以上の時間をかけて元の位置に戻す（写真4-38）。できるだけ鏡の前で行い、僧帽筋部の収縮がみられないよう注意して行う。

立位からの外転

写真 4-39

方法：足を肩幅に開いて立ち、ダンベルを90°側方に挙上する。挙上させたときの倍以上の時間をかけて元の位置に戻す（写真4-39）。できるだけ鏡の前で行い、僧帽筋部の収縮がみられないよう注意して行う。

立位からのScaption＝肩甲棘面挙上

写真 4-40

方法：足を肩幅に開いて立ち、ダンベルを90°、真横から20～30°前方に挙上する。挙上するときの倍以上の時間をかけて元の位置に戻す（写真4-40）。できるだけ鏡の前で行い、僧帽筋部の収縮がみられないよう注意して行う。

エクササイズ	方法・ポイント

ダンベルを用いたエクササイズ（続き）

伏臥位からのT

写真 4-41-a　　　　　　写真 4-41-b

方法：胸から上は先端から出た状態でベッドなどにうつ伏せになり、肩甲骨を寄せ内転させる（写真4-41-a）、肩関節を水平伸展する。戻すときは肩関節を水平屈曲させ、肩甲骨を外転する（写真4-41-b）。

伏臥位からのY

写真 4-42

方法：胸から上は先端から出た状態でベッドなどにうつ伏せになり（写真4-41-aの状態）、肩甲骨を寄せる＝内転させるて上肢を斜め前45°方向へ挙上する。戻すときは上肢を元の位置に戻し、肩甲骨を外転する（写真4-42）。

伏臥位からのW

写真 4-43-a　　　　　　写真 4-43-b

方法：胸から上は先端から出た状態でベッドなどにうつ伏せになり（写真4-41-aの状態）、肩甲骨を寄せる＝内転させる（写真4-43-a）、肘関節を屈曲させながら肩関節を水平伸展、その後90°外旋する。戻すときは肩関節内旋、肘関節の伸展と同時に水平屈曲、その後肩甲骨を外転する（写真4-43-b）。

エクササイズ	方法・ポイント

ダンベルを用いたエクササイズ（続き）

伏臥位からのT

写真 4-44-a

方法：投球側の肩関節が端から出た状態でベッドなどにうつ伏せになり、肩甲骨を寄せる＝内転させる（写真4-44-a）、肩関節は伸展し水平位まできたところで30°外転する（写真4-44-b）。戻すときは肩関節内転、屈曲のあと、肩甲骨を外転する（写真4-44-c）。

写真 4-44-b

写真 4-44-c

側臥位からの外旋

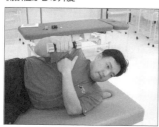

写真 4-45

方法：投球側上肢は肘を屈曲させた状態で上になるようにして側臥位をとり、反対側の手は投球側の腋に挟む。上腕骨を外旋させ、外旋時の倍の時間をかけて元の位置に戻す（写真4-45）。上腕二頭筋長頭炎や関節唇損傷からのリハビリテーションとして行う際には、再受傷のリスク回避のため、外旋は基本肢位（前腕が地面と水平となる状態）までに留める。

エクササイズ	方法・ポイント

ダンベルを用いたエクササイズ（続き）

側臥位からのリーチアウト

写真 4-46-a

写真 4-16-b

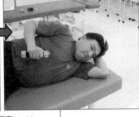

写真 4-46-c

方法：非投球側の腕を枕にし、投球側上肢は肘を屈曲させた状態で上になるようにして側臥位をとり、ダンベルを天井方向へ突き出す＝肩関節の外転、肘関節の伸展（写真4-46-a）、上肢全体を内旋させながら斜め方向へダンベルをベッドよりも下へ降ろす＝肩関節内転と伸展（写真4-46-b）、肘関節を屈曲させながら最初の位置に戻す（写真4-46-c）。

回数：ダンベルエクササイズの負荷は全て15回を代償運動なく正確に行える範囲の負荷（資料はないが、NPBの某球団では日本人選手は2.5kgまで、私が実際に関わったMLB球団でも8ポンド、すなわち約4kgまでに制限していた）に留め、1セッションでは2セット行う。またチューブなど他の負荷を用いて行う場合であっても、最低1日のリカバリーを挟んだ後に肩関節周囲筋の訓練を行うことを勧める。

エクササイズ	方法・ポイント
チューブを用いたエクササイズ (p.58-59) チューブの選択と設置  写真 4-47	**方法**：チューブ両端に手を通す輪をつくり、その中央部をカラビナなどに通しフェンスに引っかける（写真4-47）。負荷は2種類、高校生以上の場合、セラバンド社のセラチューブであれば、赤（ミディアム）と青（エクストラヘビー）、中学生の場合は黄（シン）と緑（ヘビー）の組み合わせを推奨する。
立位からのM  写真 4-48	**方法**：可能な限り高いところに中央部を固定した軽いほうの負荷（赤あるいは黄）のチューブの両端に手を通し、肩甲骨を引き寄せ＝内転させたのち、肩関節を伸展する。戻すときは逆に肩関節を屈曲してから肩甲骨を元の位置に戻す（写真4-48）。 **回数**：15回を2セット。
立位からのT  写真 4-49	**方法**：目の高さに中央部を固定した軽いほうの負荷（赤あるいは黄）のチューブの両端に手を通し、肩甲骨を引き寄せ＝内転させたのち、肩関節を水平伸展する。戻すときは逆に肩関節を水平屈曲してから肩甲骨を元の位置に戻す（写真4-49）。 **回数**：15回を2セット。

エクササイズ	方法・ポイント
チューブを用いたエクササイズ（続き） 立位からのY  写真 4-50	**方法**：地面の高さに中央部を固定した軽いほうの負荷（赤あるいは黄）のチューブの両端に手を通し、肩甲骨を引き寄せ＝内転させたのち、肩関節を肩甲棘面に屈曲する。戻すときは逆に肩関節を伸展してから肩甲骨を元の位置に戻す（写真4-50）。 **回数**：15回を2セット。
立位からのリーチアウト  写真 4-51	**方法**：チューブを固定したフェンスに背を向けるように立ち、地面の高さに中央部を固定した、負荷の大きいほうのチューブ（青あるいは緑）の両端に手を通す。足を前後に開き、前傾した姿勢をとる。肘を屈曲させて脇を締めたところから両腕を大きく横から回すように前上方に突き出す。戻すときは直線的に肘を屈曲させながら、最大屈曲していた肩関節を伸展する（写真4-51）。 **回数**：15回を2セット、2セット目は前後に開いた足を入れ替える。

エクササイズ	方法・ポイント

ボディブレードを用いたエクササイズ（p.60-61）

立位でのボディブレード

写真 4-52

写真 4-53

写真 4-54

方法：立位から肩関節を90°屈曲させ、その場で振る（写真4-52）。効率よく振るには下肢から胸郭、そして肩甲骨までをしっかりと固定させ、回旋腱板（ローテーターカフ）各筋の収縮・弛緩を細かくコントロールする必要がある。他にも90°外転位（写真4-53）、基本肢位から90°肘を屈曲しての内外旋（写真4-54）でも行うことができる。

投球動作を通じてのボディブレード

写真 4-55-a

写真 4-55-b

写真 4-55-c

方法：脚を前後に開いて、投球時と同じ姿勢、スタンスをとり、加速期からボールリリース、そしてフォロースルーと腕を動かしながら振る（写真4-55-a・b・c）。

エクササイズ	方法・ポイント

■肘関節安定化を目的とした前腕筋群の筋力強化

フリーウェイトを用いたエクササイズ（p.62-65）

用いる道具について

写真 4-56

折れて使えなくなった木製バットのグリップと1kgのプレートを用いて器具を自作し、グリップの長さを変えることによって負荷を調節する（写真4-56）。

立位での撓屈

写真 4-57-a   写真 4-57-b

方法：立位、肘伸展にて、ハンマーの重りを前にして持ち、反対側の手で肘を固定する。その状態から手首を撓屈させ（写真4-57-a）、その3倍の時間をかけて元の位置に戻す（写真4-57-b）。
回数：15回を2セット。

立位での尺屈

写真 4-58-a   写真 4-58-b

方法：立位、肘伸展にて、ハンマーの重りを後ろにして持ち、反対側の手で肘を固定する。その状態から手首を尺屈させ（写真4-58-a）、その3倍の時間をかけて元の位置に戻す（写真4-58-b）。
回数：15回を2セット。

エクササイズ	方法・ポイント

フリーウェイトを用いたエクササイズ（続き）

立位での回内・回外

方法：立位、肘屈曲、前腕回外の状態で重りを外側（親指側）にしてハンマーを持ち、ゆっくりと回内（写真4-59-a）、回外（写真4-59-b）を行う。

回数：10往復を2セット。

写真 4-59-a　　　　写真 4-59-b

フリーウェイト以外の負荷

写真 4-60-a　　　写真 4-60-b　　　写真 4-60-c

方法：ハンマーの代わりにセラバンド社のTherabarなど太いゴムの棒状の器具を振ることで、ボディブレードを用いたエクササイズと同様の効果が前腕の筋群に発揮される（写真4-60-a・b・c・d・e）。

写真 4-60-d　　　写真 4-60-e

エクササイズ	方法・ポイント

■キャッチボール再開にあたってのスローイングプログラム

大きなボールを用いてのプレ・スローイングプログラム（p.68-71）

ウォールドリブル

写真 5-1　　　　　写真 5-2

写真 5-3

方法：壁に向かって立ち、ボールを壁に向かってドリブルする。初めは自分の投げる角度から（写真5-1）、徐々に肩の外転（写真5-2）、内転（写真5-3）を繰り返しながらドリブルする。
回数：（1日最大で）ドリブルしながら動かせる範囲を5往復、2～3セット。

備考：バレーボールなどの軽いボールを用いて行うのであれば、野球のボールを用いてのスローイングプログラムの前に行い、その目的は肩甲下筋をはじめ肩関節前方不安定性をコントロールする筋群を活性化させることとなる。対して、1kgのメディスンボールなど重たいボールを用いて行うのであれば、目的は肩関節前方不安定性をコントロールする筋群のプライオメトリクス（遠心性収縮から求心性収縮への切り替え）的な強化となるため、野球のボールを用いたスローイングの後に行うことを勧める。また、この訓練で肩に痛みや違和感があれば、まだ肩周囲の筋群の能力が不足しているとも判断できる。

エクササイズ	方法・ポイント

大きなボールを用いてのプレ・スローイングプログラム（続き）

メディスンボールスラム

写真 5-4   写真 5-5

写真 5-6

方法：投げ動作における体幹・下半身から地面への力の伝達の訓練としてメディスンボールスラム（Slam：叩きつけ）を行う。壁から3〜5m程度離れて壁を向いて立ち、右投げなら左足を前、右足を後ろにしたスタンスで立ち、両手を用いて頭上から2〜3m先の地面にボールを投げ下ろし（写真5-4）、地面に叩きつける。
次は実際の投球側とは反対側（右投げの選手であれば左投げ）での投げ下ろし（写真5-5）の後に、投球側での投げ下ろし（写真5-6）を行う。
回数：それぞれ10球ずつを2セット、1セット目は3kgで、2セット目は1kgで行う。2セット目を軽いボールにする理由は、1セット目より速い腕の振りを起こさせるためで、肩・肘周辺の筋群にかかる負荷の大きさよりも、腕の振りの速さによる影響を確認するためでもある。

備考：P.136のウォールドリブルと同じく、この訓練で肩や肘に痛みや違和感があれば、まだ肩や肘の周囲筋群の能力が不足しているとも判断できる。

エクササイズ	方法・ポイント

実際の野球ボールを用いたプレ・スローイングプログラム（p.71-72）

ソックスロー

写真 5-7

写真 5-8

方法：主観的ではあるが、投げの力加減を到達距離に関係なく確認できる方法としてソックスローがある。膝の高さまであるハイソックスにボールを入れ（写真5-7）、そのソックスに腕を通し先端のボールを握り、手首と肘をテーピングで締め付けたうえで実際の投球動作を行う訓練である（写真5-8）。

備考：ソックスの中で実際にボールを放すが、ボールはソックス先端を押し出すことで投球側の上肢全体に遠心力の負荷がかかる。この遠心力は実際にボールを投げるときよりも大きな負荷となる（実際の投球ではボールはそのまま指から離れ、上肢を牽引する力にはならない）ため、フォロースルー期に負荷のかかる棘下筋・小円筋をはじめ投球側の広背筋、あるいは非投球側の殿筋群から下肢にいたるまでの神経 - 筋協調や筋力強化の訓練となる。
P.136～137の2種目と同じく、この訓練で肩や肘に痛みや違和感があれば、まだ肩や肘の周囲筋群の能力が不足しているとも判断できる。

膝立ちからのスローイング

写真 5-9

方法：コッキング時の肘への過大な外反トルクは、骨盤部、上部体幹の回旋、そして肩関節の急激な外旋によってももたらされることを踏まえ、実際のキャッチボールに入る前に、体幹の回旋や後脚から前脚への体重移動などを可能な限り制限して、上肢の運動だけでボールを投げる訓練を行う。5mほど離れたネット（あるいは練習相手）に正対して膝立ちになる。そのときに股関節は屈曲させず伸ばしたままの状態を保つよう意識する。その姿勢からボールを投げるが、腕の振りはあくまでも頭の上から前の範囲とし、ボールを身体よりも後ろに持っていかないように注意する（写真5-9）。

エクササイズ	方法・ポイント

ボールを前で離すためのスローイングドリル（p.75-76）

後ろ歩き投げ

写真 5-10　　　　　写真 5-11

写真 5-12

方法：後ろ歩きしながらボールを投げることで、ボールを身体より前で放すことを意識できるようになる。この際注意することは、胸を張って背筋を伸ばし、腕の振りだけでボールを投げること（写真5-10）で、背中を丸めてしまわないよう（写真5-11）気をつける。慣れないうちはグローブから上にボールを持ち上げて（写真5-12）、元に戻す動作で投げる、から始めるのがよいかもしれない。慣れてくれば、右投げなら右足が地面についているタイミングでボールを放す。後ろ歩きを始めたポイント（相手あるいはネットから10mくらいまでの距離）まで戻って、同じ距離で繰り返す。

エクササイズ	方法・ポイント

上腕の力を抜き、腕を走らせるためのスローイングドリル（p.78-79）

その1：ロボット投げ

写真 5-14　　　　　写真 5-15

方法：相手あるいはネットに10mほどの距離で正対し「気をつけ」の姿勢から投球側の足と手を同時に挙上（肩関節と股関節の屈曲）させ（写真5-14）、勢いをつけて元の位置に戻す。足は踵が地面を掘ったところで止まるが、腕はそのまま下から後ろ回りで1周しようとするので、頭上から身体の前に来るタイミングでボールを放す。足が戻った勢いで反対側の足が上がるほど思い切り腕を振れれば腕の力が抜けているとわかる（写真5-15）。また相手を座らせる、あるいはネットの低いところに投げようとすることで、より前でボールを放す訓練にもなる。

その2：やじろべえ投げ

写真 5-16

方法：ロボット投げと同じく、相手あるいはネットに10mほどの距離で正対し「気をつけ」の姿勢から投球側の足と手を同時に挙上（肩関節と股関節の屈曲）させ、勢いをつけて元の位置に戻すが、この際、そのつま先を相手の方向ではなく、ボールを投げる方向から90°、もしプレートがあるとしたら、そのプレートと平行になるように足を戻し（写真5-16）、身体全体を右投げの場合は右に向ける。そして軸足は膝を伸ばしたままの片足立ちで、股関節を外転させ（上体を相手あるいはネットとは反対側に倒し）、このとき腕の力が抜けていれば、ボールは重力で真下を向き、後ろ方向に傾いた上体から見ると、肩関節は30°ほど開いた（外転した）状態になる。そのやじろべえのような姿勢から踏み込み、足を接地させボールを投げる。これも同じく相手を座らせる、あるいはネットの低いところに投げようとすることで、より前でボールを放す訓練にもなる。

エクササイズ	方法・ポイント

■パフォーマンス向上を目的としたプライオメトリクス

一人でできる肩のプライオメトリクス（p.100-103）

うつ伏せでのボールフリップ A

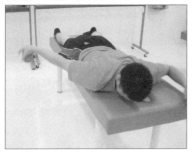

写真 6-1

方法：ベッドあるいはベンチに投球側の肩がベッドの端にくるようにうつ伏せになり、肩関節を30°外転（横に広げる）させる。両方の上肢が同じ姿勢をした際に、上からみてアルファベットのAに見える角度を指す。手に持ったウェイトボール（400〜600g）を放し、できるだけ速く、地面に落ちないようにキャッチする（写真6-1）。

うつ伏せでのボールフリップ T

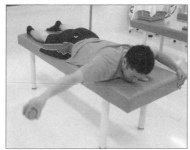

写真 6-2

方法：ベッドあるいはベンチに投球側の肩がベッドの端にくるようにうつ伏せになり、肩関節を90°外転（真横に広げる）させる。両方の上肢が同じ姿勢をした際に、上からみてアルファベットのTに見える角度を指す。手に持ったウェイトボール（400〜600g）を放し、できるだけ速く、地面に落ちないようにキャッチする（写真6-2）。

うつ伏せでのボールフリップ Y

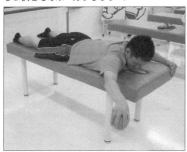

写真 6-3

方法：ベッドあるいはベンチに投球側の肩がベッドの端にくるようにうつ伏せになり、肩関節を135°外転（頭部の横、斜め前方向までに広げる）させる。両方の上肢が同じ姿勢をした際に、上からみてアルファベットのYに見える角度を指す。手に持ったウェイトボール（400〜600g）を放し、できるだけ速く、地面に落ちないようにキャッチする（写真6-3）。

エクササイズ	方法・ポイント

一人でできる肩のプライオメトリクス（続き）

うつ伏せでのボールフリップ W：90/90

写真 6-4

方法：ベッドあるいはベンチに投球側の肩がベッドの端にくるようにうつ伏せになり、肩関節を90°外転、肘関節を90°屈曲（ボールフリップTの状態から肘を90°曲げる）させる。両方の上肢が同じ姿勢をした際に、頭部と合わせて上からみてアルファベットのWに見える角度を指す。手に持ったウェイトボール（400〜600g）を放し、できるだけ速く、地面に落ちないようにキャッチする（写真6-4）。

回数：ボールフリップA・T・Y・Wの4エクササイズはそれぞれ20回ずつの1セット、慣れてくれば15回ずつの2セット行うが、2セット行う場合はセット間に5分と少し長い休憩を挟む。またこの訓練は2日連続にならないよう注意する。したがって最大でも週3回までに留める。

著者紹介

牛島　詳力（うしじま・よしかつ）
1971年生まれ。関西医療学園専門学校卒。1997年より米国へ留学。2002年、カリフォルニア州立大学フラトン校卒、同大学院修了。帰国後大学教育に携わり、その後MLBチーム、タンパベイデビルレイズにて通訳兼アスレティックトレーナーとしてメジャーリーグ選手のサポートを行った（2006 ～ 2007年）のち、再び日本にて大学教育に携わる。2019年より、Active Conditioning Institute代表。さまざまなアスリートのサポートにあたっている。修士（体育学）、NATA-BOC認定アスレティックトレーナー、柔道整復師。

投球障害からの復帰と再受傷予防のために

2021年2月26日　第1版第1刷発行

著　者　牛島　詳力
発行者　松葉谷　勉
発行所　有限会社ブックハウス・エイチディ
　　　　〒164-8604
　　　　東京都中野区弥生町1丁目30番17号
　　　　電話03-3372-6251
印刷所　シナノ印刷株式会社